Recettes pour recevoir

Recettes pour recevoir

Éditions **marie claire**

Sommaire

Apéritifs ____ 7
Menu de fêtes ____ 39
Décontracté ____ 109
Dernière minute ____ 147
Recevoir dehors ____ 167
Index ____ 185

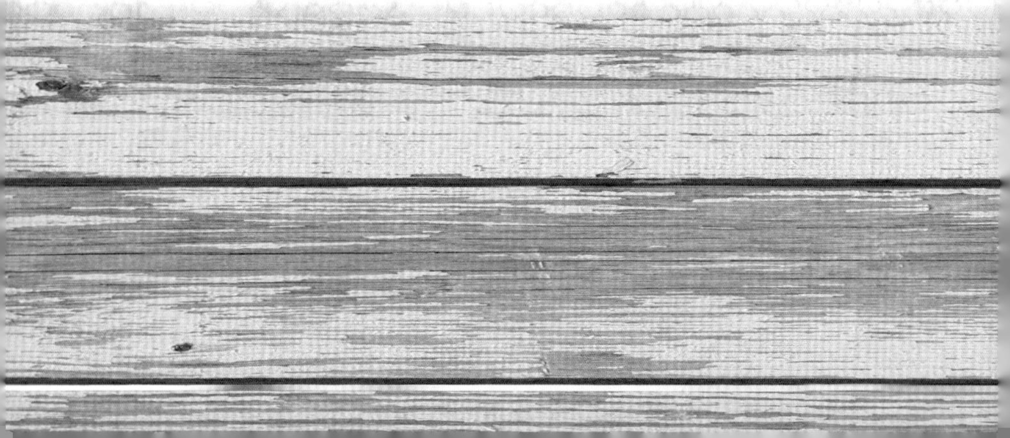

Apéritifs

Bouchées au saumon

PRÉPARATION : 30 MIN – RÉFRIGÉRATION : 1 H

POUR 4 PERSONNES

4 galettes de sarrasin • 200 g de fromage frais type St Môret • 8 fines tranches de saumon fumé • 1 concombre • 4 brins d'aneth • sel

Sortez le fromage du réfrigérateur pour qu'il s'assouplisse. Ciselez l'aneth. Pelez le concombre, coupez-le en tronçons et épépinez-les (avec un vide-pomme). Coupez-les en fines tranches, poudrez d'un peu de sel et laissez-les dégorger dans une passoire pendant 30 min.

Tartinez les galettes de fromage, couvrez-les de saumon et parsemez d'aneth. Roulez les galettes en serrant un peu. Emballez-les séparément dans du film étirable, placez 1 h au réfrigérateur. Au dernier moment, déballez les rouleaux de galettes. Avec un bon couteau, détaillez-les en rondelles de 1 cm d'épaisseur.

Essuyez les rondelles de concombre avec du papier absorbant (rincez-les au préalable si elles sont trop salées), disposez-les sur un plat de service, posez sur chacune une tranche de galette et servez aussitôt.

ACCORD VIN : un cour-cheverny blanc (vin de Loire).

Omelette roulée au saumon fumé

PRÉPARATION : 25 MIN – CUISSON : 5 MIN

POUR 4 PERSONNES

6 œufs • 4 tranches de saumon fumé • 1 cuil. à soupe d'huile • 20 g de beurre • 3 brins de ciboulette • 1 échalote • sel • poivre

Épluchez et émincez finement l'échalote. Ciselez la ciboulette. Dans une grande poêle, faites chauffer l'huile et le beurre puis faites fondre l'échalote sur feu doux pendant 2 min. Dans un saladier, battez les œufs, ajoutez la ciboulette. Salez et poivrez.

Versez les œufs battus dans la poêle et laissez cuire sur feu moyen pendant 3 min. Retournez l'omelette à l'aide d'une grande assiette et faites cuire l'autre face pendant 2 min. Déposez-la sur un plat et laissez refroidir une dizaine de minutes.

Étalez les tranches de saumon sur l'omelette, puis roulez-la sur elle-même. Découpez-la en tronçons de 3 cm de large, maintenez-les à l'aide de piques en bois et servez avec une salade de roquette.

ACCORD VIN : un menetou-salon blanc (vallée de la Loire).

Gaspacho de betteraves au saumon

PRÉPARATION : 20 MIN

POUR 4 PERSONNES

2 betteraves cuites de taille moyenne • 150 g de fromage de chèvre frais type Chavroux ou Petit Billy • 100 g de saumon fumé • 7 cuil. à soupe d'huile d'olive • 2 cuil. à soupe de vinaigre balsamique • 1 cuil. à soupe de vinaigre de vin (de xérès de préférence) • des glaçons • sel • poivre

Dans un bol, travaillez le fromage à la fourchette avec 4 cuillerées à soupe d'huile. Réservez. Détaillez le saumon en fines lanières. Réservez au frais.

Épluchez les betteraves, et coupez-les en morceaux. Mettez-les dans le bol d'un mixeur avec le reste d'huile d'olive, les deux vinaigres, 300 g de glaçons, du sel et du poivre. Faites fonctionner l'appareil pour obtenir une texture lisse.

Versez le gaspacho de betteraves dans des verres, répartissez dessus le fromage, décorez avec les lanières de saumon et éventuellement de fines herbes, servez aussitôt.

ACCORD VIN : un tavel (rosé de la vallée du Rhône).

Petits sandwichs à l'anglaise

PRÉPARATION : 15 MIN – REPOS : 30 MIN

POUR 4 PERSONNES

200 g de fromage de chèvre frais type Petit Billy ou Chavroux • 8 tranches de pain de mie • 1 concombre • 1 botte de ciboulette • sel • poivre • gros sel

Épluchez le concombre. Coupez-le en deux dans la longueur pour l'épépiner, puis détaillez-le en très fines tranches. Mettez-les dans une passoire à pieds, salez-les au gros sel, mélangez et laissez dégorger 30 min.

Pendant ce temps, ciselez la ciboulette, et éliminez la croûte des tranches de pain. Dans un bol, mélangez le fromage de chèvre avec la moitié de la ciboulette, salez et poivrez. Rincez longuement les tranches de concombre à l'eau fraîche, égouttez-les et serrez-les dans un torchon pour éliminer l'eau.

Tartinez généreusement les tranches de pain avec le fromage à la ciboulette (réservez un peu de la préparation pour la décoration). Répartissez les tranches de concombre. Refermez les sandwiches, appuyez un peu avec la paume de la main pour les faire adhérer. Coupez les sandwiches en deux.

Mettez le reste de ciboulette ciselée dans une petite assiette. Tartinez le bord des sandwiches avec le reste de fromage et posez-le dans l'assiette pour « coller » la ciboulette. Réservez au réfrigérateur sous du film étirable, jusqu'au moment de servir.

ACCORD VIN : un sancerre blanc (vallée de la Loire).

Brochettes de saumon au sésame

PRÉPARATION : 10 MIN – CUISSON : 5 MIN – REPOS : 10 MIN

POUR 4 PERSONNES

4 pavés de saumon • 2 citrons • 3 cuil. à soupe de graines de sésame • 1 cuil. à soupe d'huile de sésame • poivre du moulin • sel

Placez le saumon 10 min au congélateur pour qu'il soit plus facile à couper. Passé ce temps, coupez-le en beaux rectangles bien nets avec un couteau bien aiguisé.

Enfilez 2 brochettes dans chaque morceau comme une sucette. Pressez un citron. Passez les sucettes dans le jus puis salez, poivrez et passez les sucettes dans les graines de sésame pour bien les enrober.

Mettez une poêle à chauffer avec l'huile de sésame et faites-les cuire 2 min en les retournant à mi-cuisson. Servez aussitôt avec le citron restant coupé en quartiers.

NOTRE CONSEIL : utilisez des piques à brochettes en bois classiques ou des piques en bambou de formes différentes.

Servez avec un assortiment de brochettes présentées, elles aussi, comme des sucettes : tomates cerises, billes de mozzarella roulées dans des herbes…

ACCORD VIN : un riesling d'Alsace.

Brochettes de magret, foie gras et poires

PRÉPARATION : 20 MIN – CUISSON : 5 MIN ENV.

POUR 18 MINI-BROCHETTES

18 tranches de magret de canard fumé (150 g env.) • 18 petits morceaux de foie gras (200 g env.) • 2 poires de type Comice • 60 g de sucre semoule • 30 g de beurre demi-sel • poivre du moulin

Sortez les tranches de magret du réfrigérateur et enroulez un morceau de foie gras dans chacune d'elles, maintenez avec une pique. Disposez les mini-brochettes sur un plat, posez un film dessus et réservez au réfrigérateur.

Épluchez les poires et coupez 18 lamelles épaisses. Faites fondre le beurre demi-sel dans une poêle à feu moyen, saupoudrez de sucre semoule et laissez caraméliser, sans toucher à la poêle, avant d'y disposer les lamelles de poire. Faites-les cuire ainsi pendant 2 ou 3 min de chaque côté. Poivrez.

Posez les lamelles de poire caramélisées sur une feuille de papier sulfurisé et laissez-les refroidir. Sortez les mini-brochettes et piquez une lamelle de poire sur chacune d'elles. Disposez sur le plat, poivrez le tout.

ACCORD VIN : un vouvray demi-sec (Loire).

Sushis de pomme de terre au saumon

PRÉPARATION : 20 MIN – CUISSON : 20 MIN

POUR 12 SUSHIS

12 petites pommes de terre à chair ferme • 3 tranches de saumon fumé (120 g) • 1 cuil. à soupe d'aneth ciselé • quelques gouttes d'huile de sésame • 1 cuil. à café de graines de sésame • 12 brins de ciboulette

Pelez, lavez et essuyez les pommes de terre. Faites-les cuire 15 à 20 min à la vapeur puis laissez-les tiédir. Ébouillantez 10 secondes les brins de ciboulette et égouttez-les.

Coupez les deux extrémités des pommes de terre tièdes pour avoir des petits cylindres. Coupez chaque tranche de saumon en 4 bandes de la largeur des pommes de terre. Parsemez d'aneth.

Enveloppez chaque pomme de terre avec une lamelle de saumon fumé (côté aneth), et maintenez avec un brin de ciboulette. Parsemez de graines de sésame et de gouttes d'huile de sésame. Disposez les sushis sur un plat et servez aussitôt.

ACCORD VIN : un saumur blanc (Loire).

Mini-pizzas aux saint-jacques

PRÉPARATION : 30 MIN – CUISSON : 10 MIN

POUR 4 PERSONNES

2 rouleaux de pâte à pizza • 6 grosses noix de Saint-Jacques • 20 cl de crème épaisse • 15 g de beurre • 40 g d'œufs de truite • le jus de ½ citron • 4 brins d'aneth • sel • poivre

Préchauffez le four à 240° (th 8). Rincez les saint-jacques, éliminez le petit muscle sur le côté des noix à l'aide d'un couteau pointu. Épongez-les dans du papier absorbant. Placez-les 10 min au congélateur pour les raffermir et les couper facilement. Passé ce temps, tranchez-les en fines rondelles à l'aide d'un bon couteau.

Déroulez les pâtes en conservant leur papier de cuisson. Avec un emporte-pièce rond (environ 7 cm de diamètre), découpez-y 12 disques. Piquez-les avec les dents d'une fourchette, en laissant les bords lisses. Déposez un peu de crème sur chaque fond et enfournez pour 5 min.

Dans un bol, mélangez le jus de citron avec le reste de crème, salez, poivrez. Répartissez cette crème sur les mini-pizzas. Enfournez de nouveau pour 5 min. Pendant ce temps, faites chauffer le beurre dans une poêle, saisissez-y les lamelles de saint-jacques quelques secondes à feu vif. Salez, poivrez.

Garnissez les mini-pizzas de lamelles de saint-jacques poêlées, décorez d'aneth et d'œufs de truite, dégustez aussitôt.

ACCORD VIN : un champagne brut.

NOTRE CONSEIL : si vous n'avez pas d'emporte-pièce, utilisez un verre retourné.

Barquettes de saint-jacques marinées

PRÉPARATION : 15 MIN – REPOS : 15 MIN

POUR 4 PERSONNES

8 belles noix de Saint-Jacques (sans corail) • 8 grandes feuilles d'endive blanche ou rouge • 4 cuil. à soupe d'huile d'olive • 1 cuil. à soupe de jus de citron • 1 cuil. à soupe de cognac • 1 petite botte de ciboulette • sel • fleur de sel • poivre du moulin

Nettoyez les feuilles d'endive, épongez-les. Ciselez la ciboulette. Dans un bol, mélangez l'huile, le jus de citron et le cognac, salez et poivrez.

Rincez les noix de Saint-Jacques, épongez-les sur du papier absorbant. À l'aide d'un couteau bien aiguisé, escalopez-les en tranches de 3 mm d'épaisseur. Mettez-les dans un plat creux et arrosez de marinade. Laissez macérer 15 min.

Au moment de servir, disposez les feuilles d'endives sur un plat de service et répartissez dessus les tranches de saint-jacques. Saupoudrez de ciboulette, de fleur de sel et donnez un tour de moulin à poivre.

ACCORD VIN : un saint-péray (blanc du Nord de la Vallée du Rhône).

Soufflés au foie gras

PRÉPARATION : 20 MIN – CUISSON : 20 MIN

POUR 4 PERSONNES

200 g de foie gras de canard cuit • 4 œufs • 50 g de beurre • 50 g de farine • 40 cl de lait • sel • poivre

Beurrez et farinez des ramequins de 8 à 10 cm de diamètre. Préchauffez le four à 210° (th 7). Préparez une béchamel : faites fondre le reste de beurre dans une casserole. Dès qu'il mousse, poudrez du reste de farine et mélangez au fouet à main. Versez le lait sans cesser de remuer, sur feu doux, jusqu'à ce que la sauce épaississe. Salez et poivrez.

Cassez les œufs en séparant les blancs des jaunes. Hors du feu, ajoutez les jaunes et le foie gras coupé en dés dans la casserole, en remuant bien.

Montez les blancs en neige très ferme. Incorporez-les délicatement à la préparation au foie gras en soulevant la masse avec une spatule.

Versez le mélange dans les moules, il ne doit pas dépasser les deux tiers de la hauteur. Enfournez, baissez la température à 180° (th 6) et faites cuire 20 min. Sortez les moules du four et servez aussitôt.

NOTRE CONSEIL : si vous utilisez un grand moule, doublez le temps de cuisson : 20 min à 210° (th 7) puis 20 min à 180° (th 6). Vous pouvez préparer la crème au foie gras à l'avance, mais n'ajoutez les blancs en neige qu'au dernier moment.

ACCORD VIN : un condrieu (blanc de la Vallée du Rhône).

Rouleaux d'aubergines au basilic

PRÉPARATION : 30 MIN – CUISSON : 10 MIN

POUR 4 PERSONNES

2 aubergines • 200 g de fromage frais type carré frais • 100 g de tomates confites • 8 brins de basilic • 4 cuil. à soupe d'huile d'olive • poivre

Faites chauffer un gril en fonte. Lavez les aubergines, coupez-les en tranches fines dans la longueur (supprimez la première et la dernière qui ne sont que de la peau). Huilez-les et faites-les cuire sur le gril 2 min par face (procédez en plusieurs fois). Vous pouvez aussi les faire cuire sous le gril du four en les retournant.

Ciselez le basilic. Coupez les tomates en petits morceaux. Dans une jatte, mélangez à la fourchette le fromage, le basilic, les tomates et 1 cuillerée à soupe de l'huile de leur bocal, poivrez. Tartinez les tranches d'aubergines de cette farce et roulez-les sur elles-mêmes sans serrer. Maintenez-les avec une pique en bois. Réservez au frais jusqu'au moment de servir.

ACCORD VIN : un côtes-de-provence rosé.

Purée de petits pois à la menthe et velouté d'asperges

PRÉPARATION : 15 MIN – CUISSON : 35 MIN

POUR 4 PERSONNES

1 kg d'asperges blanches • 300 g de petits pois écossés (frais ou surgelés) • 25 cl de crème liquide • 10 feuilles de menthe fraîche • sel • poivre du moulin

Préparez le velouté : lavez et épongez les asperges. Épluchez-les à l'aide d'un économe, en partant de la tête (gardez les épluchures), puis coupez-les en petits morceaux. Dans une casserole, mettez les épluchures, couvrez d'eau à hauteur. Salez peu, laissez frémir 10 min.

Passé ce temps, filtrez le bouillon, jetez les épluchures. Remettez le bouillon dans la casserole, ajoutez les asperges en morceaux, versez la crème. Laissez cuire 15 min à feu doux. Mixez la préparation à l'aide d'un blender ou d'un mixeur-plongeant. Salez, poivrez, filtrez et laissez refroidir, puis placez au réfrigérateur.

Préparez la purée de petits pois : faites-les cuire 10 min dans de l'eau bouillante salée puis égouttez-les. Rafraîchissez-les à l'eau glacée, égouttez-les à nouveau et mixez-les avec 6 feuilles de menthe et un petit peu d'eau de cuisson pour obtenir une purée consistante. Salez, poivrez.

Dans des grands verres (type verres à martini) ou des petites verrines (si vous servez le velouté à l'apéritif), répartissez la crème de petits pois. Versez délicatement la soupe d'asperges par-dessus, décorez du reste de menthe, servez frais.

ACCORD VIN : un pouilly-fumé (blanc de la vallée de la Loire).

Accras de crabe à la noix de coco

PRÉPARATION : 30 MIN – CUISSON : 4 À 5 MIN

POUR 4 PERSONNES

300 g de chair de crabe (frais ou en boîte) • 200 g de filets de merlan • 1 citron vert bio • 1 blanc d'œuf • 10 cl de crème épaisse • 200 g de yaourt à la grecque • 10 g de gingembre frais • 80 g de noix de coco râpée • 80 g de chapelure • 12 brins de persil plat et de coriandre • huile pour friture • sel • poivre

Prélevez le zeste du citron, râpez-le. Pelez et hachez le gingembre. Effeuillez et hachez les herbes. Mixez les filets de merlan bien froids dans le bol d'un robot pour les réduire en purée. Ajoutez le blanc d'œuf, salez et poivrez.

Versez dans une jatte, remuez bien pour que ce soit homogène. Ajoutez la crème épaisse, le crabe égoutté, les herbes et le zeste. Mélangez, rectifiez l'assaisonnement. Faites chauffer l'huile de friture dans une friteuse (ou, à défaut, dans une sauteuse).

Formez 12 petites boulettes avec la préparation au crabe en les roulant dans la paume de la main. Mélangez la chapelure et la noix de coco dans une assiette. Roulez chaque boulette dans ce mélange, faites-les frire dans l'huile chaude 4 à 5 min en les retournant de temps en temps. Égouttez sur du papier absorbant.

Pressez le citron vert au-dessus d'une jatte. Ajoutez le gingembre râpé, le yaourt, salez, poivrez, mélangez. Servez les accras bien chauds avec la sauce froide en saucière.

ACCORD VIN : un graves blanc (vin du Bordelais).

Pirojkis au saumon

PRÉPARATION : 35 MIN – CUISSON : 40 MIN

POUR 6 PERSONNES

500 g de pâte feuilletée (à commander chez le pâtissier) • 30 g de farine • ½ petit chou vert • 400 g de filet de saumon frais • 4 œufs • 1 oignon • 50 g de beurre • 1 gros bouquet d'aneth • sel • poivre

Préchauffez le four à 210° (th 7). Faites cuire 3 œufs durs. Pelez et émincez l'oignon. Nettoyez le chou et coupez-le en très fines lanières. Dans une cocotte, faites revenir l'oignon avec 30 g de beurre, puis ajoutez le chou. Salez, poivrez, laissez mijoter 20 min (le chou doit être tendre). Égouttez-le et laissez-le refroidir.

Pendant ce temps, poêlez le saumon dans le reste de beurre, 3 min par face environ, salez, poivrez. Effeuillez-le dans un saladier. Ajoutez le chou, les œufs durs hachés, l'aneth ciselé et mélangez pour obtenir une farce homogène.

Étalez la pâte sur un plan de travail fariné. Découpez-y des ronds d'environ 8 cm de côté. Répartissez la farce sur une moitié des ronds de pâte, repliez l'autre moitié pour former des chaussons, soudez les bords en les pinçant entre les doigts.

Posez les chaussons sur une plaque à four tapissée d'aluminium. Badigeonnez-les avec un pinceau trempé dans le jaune du dernier œuf (parsemez éventuellement de graines de pavot) et enfournez pour environ 15 min, jusqu'à ce que les pirojkis soient dorés. Servez-les aussitôt.

ACCORD VIN : un chablis (blanc de Bourgogne).

Tartare de bœuf en cannelloni

PRÉPARATION : 30 MIN

POUR 4 PERSONNES

400 g de hampe ou de rumsteck de bœuf charolais • 8 fines tranches de bresaola (charcuterie italienne) ou de viande des Grisons • 5 à 6 petits cornichons • 2 échalotes • 2 cuil. à soupe de câpres • 4 cuil. à soupe d'huile d'olive • 1 cuil. à café de moutarde forte • 1 jaune d'œuf • sel • fleur de sel • poivre du moulin

POUR LA GARNITURE : 4 gros champignons de Paris • ½ citron • 1 cuil. à soupe d'huile d'olive

Pelez et hachez les échalotes. Coupez les cornichons en rondelles. Hachez la viande au couteau. Dans un saladier, mélangez le jaune d'œuf, la moutarde, du sel et du poivre. Versez l'huile peu à peu en fouettant, comme pour une mayonnaise. Ajoutez les câpres, les cornichons et les échalotes. Ajoutez la viande hachée et mélangez bien à la spatule.

Alignez côte à côte les tranches de bresaola sur 8 rectangles de film étirable. Répartissez le tartare au centre de chacun puis roulez-les serrés, comme des cannellonis, en vous aidant du film. Réservez au réfrigérateur.

Brossez les champignons sous un filet d'eau, ôtez les pieds et émincez les têtes à l'horizontale pour obtenir des « pastilles » de champignon. Citronnez-les (pour éviter qu'ils ne noircissent).

Pour servir, tapissez 4 assiettes de champignons, posez dessus les cannellonis (sans leur film).

Arrosez d'un filet d'huile d'olive, parsemez de poivre du moulin et de fleur de sel et servez aussitôt.

Disposez les cannellonis debout et décorez-les d'un peu d'alfalfa (graines germées de luzerne, en vente dans les magasins bio).

ACCORD VIN : un beaujolais-villages rouge.

Nems de confit de canard au chutney de figues

PRÉPARATION : 45 MIN – CUISSON : 25 MIN

POUR 6 PERSONNES

3 cuisses de canard confit (en boîte) • 9 feuilles de brick • 6 cuil. à soupe de confiture de figues • 10 cl de vinaigre balsamique • ½ cuil. à café de gingembre en poudre • sel • poivre

Versez la confiture et le vinaigre dans une petite casserole, salez, poivrez, parfumez de gingembre,

Mélangez et laissez réduire sur feu doux environ 10 min en remuant de temps en temps. Pendant ce temps, rincez les cuisses de canard sous l'eau chaude pour retirer le gras (réservez un peu de graisse). Désossez-les en enlevant la peau. Effilochez finement la chair avec les doigts.

Préchauffez le four à 210° (th 7). Mélangez la chair de canard avec le chutney de figues. Coupez les feuilles de brick en deux. Rabattez la partie arrondie sur la partie droite pour former des rectangles.

Posez un peu de farce au canard en bas d'un rectangle, rabattez les bords extérieurs de la pâte pour enfermer la farce, puis roulez l'ensemble pour former un nem. Répétez l'opération avec les autres demi-feuilles de brick pour obtenir au total 18 nems.

Badigeonnez-les de graisse de canard réservée à l'aide d'un pinceau. Posez les nems sur une plaque à four tapissée de papier sulfurisé, et enfournez pour 15 min environ, jusqu'à ce qu'ils soient bien dorés et croustillants. Servez très chaud à l'apéritif.

ACCORD VIN : un moulin-à-vent (rouge, cru du Beaujolais).

Croustillants gascons

PRÉPARATION : 10 MIN – CUISSON : 8 MIN

POUR 6 PERSONNES

2 oignons • 20 g de graisse d'oie • 200 g de lardons allumettes • 12 pruneaux dénoyautés • 12 feuilles de brick • 20 g de beurre

Pelez et hachez les oignons. Faites-les fondre doucement dans la graisse d'oie avec les lardons allumettes dans une poêle.

Hachez les pruneaux. Après 10 min de cuisson, ajoutez-les dans la poêle. Mélangez hors du feu.

Préchauffez le four à 210° (th 7). Coupez les feuilles de brick en deux. Pliez chaque demi-feuille en trois, dans la longueur.

Déposez une cuillerée de farce sur chaque long rectangle obtenu et repliez plusieurs fois pour former des chaussons. Badigeonnez chaque chausson de beurre fondu et enfournez pour 8 min. Servez chaud.

Muffins au foie gras et aux châtaignes

PRÉPARATION : 20 MIN – RÉFRIGÉRATION : 45 MIN – CUISSON : 25 MIN

POUR 6 PERSONNES

180 g de foie gras mi-cuit (en bocal) • 180 g de châtaignes au naturel (sous-vide ou en boîte) • 30 g de lait en poudre entier (type Régilait) • 180 g de farine • 3 cuil. à soupe d'huile d'olive • 1 sachet de levure chimique • 3 œufs • sel • poivre

Hachez grossièrement les châtaignes. Détaillez le foie gras en cubes (réservez sa graisse). Dans un saladier, réunissez la farine, la levure, les œufs, le lait et l'huile. Versez 15 cl d'eau et mélangez au fouet à main pour obtenir une pâte homogène.

Incorporez délicatement les châtaignes et le foie gras, salez et poivrez. Répartissez dans des moules à muffins (graissés avec la graisse du foie réservée) et mettez 45 min au réfrigérateur.

Préchauffez le four à 180° (th 6). Enfournez les muffins pour 25 min jusqu'à ce qu'ils soient dorés. Laissez refroidir.

ACCORD VIN : un champagne.

NOTRE CONSEIL : servez une salade agrémentée de lamelles de figues moelleuses.

Menu de fêtes

Doucette de chou-fleur au saumon fumé

PRÉPARATION : 20 MIN – CUISSON : 25 MIN

POUR 6 PERSONNES

1 chou-fleur • 400 g de cœur de filet de saumon fumé • 20 cl de crème liquide • 4 tranches de pain de mie • 2 tablettes de bouillon de volaille • 2 étoiles de badiane • 1 cuil. à soupe d'huile d'olive • 4 cuil. à café de poivre vert • gros sel

Nettoyez le chou-fleur, détachez les bouquets et lavez-les. Mettez-les à blanchir 3 min dans une casserole d'eau bouillante salée puis égouttez-les.

Dans un faitout, portez à ébullition 1 litre d'eau, mettez les tablettes de bouillon, la badiane et le chou-fleur. Laissez cuire à frémissements 10 min, ajoutez la crème liquide et poursuivez la cuisson 5 min. La cuisson terminée, retirez la badiane et mixez à l'aide d'un mixeur-plongeant pour obtenir un velouté. Réservez au chaud.

Détaillez le filet de saumon en dés. Ôtez la croûte des tranches de pain de mie. Coupez-le en petits dés. Faites-les dorer à la poêle dans l'huile. Égouttez sur du papier absorbant. Concassez le poivre vert.

Versez le velouté bien chaud dans des coupelles, répartissez dessus les dés de saumon et de pain de mie, parsemez de poivre. Servez sans attendre.

NOTRE CONSEIL : si vous possédez un emporte-pièce de forme originale, vous pouvez l'utiliser pour découper le pain de mie, et ainsi donner un air encore plus raffiné à cette recette délicate.

ACCORD VIN : un sancerre blanc (Loire).

Crème de butternut, foie gras et noisettes

PRÉPARATION : 30 MIN – CUISSON : 25 MIN

POUR 4 PERSONNES

1 petite courge butternut • 150 g de foie gras cru • 100 g de beurre demi-sel • 1 cuil. à soupe d'huile de noisette • 2 tablettes de bouillon de volaille • 50 g de noisettes décortiquées • 3 ou 4 brins de cerfeuil • sel • poivre du moulin

Torréfiez les noisettes décortiquées quelques instants dans une poêle à sec. Laissez refroidir puis hachez grossièrement les noisettes au couteau. Coupez le foie gras en cubes de 1 cm de côté. Mettez-les à mariner dans l'huile de noisette, salez et poivrez-les, réservez au frais.

Pelez la courge, coupez-la en gros morceaux, rincez et égouttez-les. Dans une cocotte, faites fondre 25 g de beurre, mettez les morceaux de courge à dorer légèrement. Mouillez avec 1 litre d'eau et ajoutez les tablettes de bouillon.

Portez à ébullition, puis laissez frémir à couvert 15 à 20 min (la chair doit être tendre sous la pointe d'un couteau). Mixez ensuite le contenu de la cocotte (au mixeur-plongeant ou au blender). Ajoutez le reste de beurre et continuez à mixer pour obtenir une texture crémeuse. Faites chauffer une poêle à sec et faites-y revenir les dés de foie gras égouttés 1 min (réservez la marinade).

Versez la crème de butternut dans des coupelles ou des assiettes creuses. Disposez dessus le foie gras et les noisettes, arrosez avec la marinade à l'huile de noisette et décorez de pluches de cerfeuil. Servez aussitôt.

ACCORD VIN : un condrieu (blanc du Rhône).

Pâté lorrain au foie gras

PRÉPARATION : 45 MIN – RÉFRIGÉRATION : 24 H + 1 H – CUISSON : 2 H

POUR 8 PERSONNES

1 kg de pâte feuilletée (chez le pâtissier) • 150 g d'escalope de veau • 500 g de magret de canard • 250 g de foies de volaille • 150 g de foie gras de canard cru • 200 g de gorge de porc • 200 g de lard gras • 25 cl de vin blanc sec • 1 cuil. à soupe d'eau-de-vie de mirabelle de Lorraine • 50 g de raisins secs de Smyrne • 1 cuil. à soupe de pistaches décortiquées • 2 jaunes d'œufs • 2 gousses d'ail • 2 échalotes • 1 petit oignon • 1 bouquet garni • 50 g de farine • 15g de sel fin • 4 g de poivre

24 heures avant, faites gonfler les raisins dans un peu d'eau tiède. Pelez et émincez l'ail, les échalotes et l'oignon. Hachez assez finement au couteau le lard gras et la gorge de porc. Dégraissez le magret, coupez-le en gros lardons avec le veau, le foie gras, les foies de volaille. Mettez le tout dans un saladier avec le bouquet garni, le vin, la mirabelle, les raisins égouttés, le sel et le poivre. Mélangez, couvrez de film étirable et laissez mariner 24 h au frais en remuant plusieurs fois.

Le lendemain, séparez la pâte feuilletée en 2 pâtons. Étalez-les sur un plan de travail fariné, en leur donnant la forme de 2 rectangles (respectivement 35 x 20 cm et 30 x 20 cm), d'environ 3 mm d'épaisseur. Posez le plus grand rectangle sur la plaque du four tapissée de papier sulfurisé.

Badigeonnez-le avec un pinceau trempé dans les jaunes d'œufs battus avec un peu d'eau. Ajoutez les pistaches dans les viandes, mélangez bien, égouttez si nécessaire et disposez le mélange sur la pâte en formant un gros boudin. Rabattez les 4 côtés de la pâte pour les coller sur la viande.

Badigeonnez également de jaune d'œuf l'autre rectangle de pâte. Posez-le (côté badigeonné au-dessous) sur la viande et appuyez un peu avec les doigts pour coller tout le pâté et bien enfermer la farce. Badigeonnez de jaune d'œuf le pâté tout entier. Avec un couteau pointu, pratiquez une striure de 1 mm de profondeur sur toute la longueur du pâté, au centre, puis de petites striures obliques de chaque côté de cette ligne (comme un sapin stylisé). Faites une cheminée à chaque bout (2 cm de diamètre) et maintenez-les avec une bande d'aluminium repliée. Placez 1 h au réfrigérateur.

Préchauffez le four à 240° (th 8). Quand il est à bonne température, enfournez le pâté sur la plaque du four pour 20 min. Baissez à 180° (th 6) et comptez encore 1 h 40 de cuisson environ (la farce à cœur doit atteindre 65°). Pour servir, tranchez le pâté chaud (au couteau électrique de préférence) et accompagnez d'une salade croquante.

ACCORD VIN : un chateauneuf-du-pape rouge (Rhône).

Pannequets de saumon fumé au raifort

PRÉPARATION : 25 MIN – CUISSON : 1 MIN

POUR 4 PERSONNES

4 grandes tranches de saumon fumé • ½ concombre • 1 grosse tomate (cœur-de-bœuf de préférence) • 4 cuil. à soupe de mayonnaise (maison ou en bocal) • 1 cuil. à café de raifort • 2 cuil. à café d'œufs de saumon • 2 brins d'aneth • quelques feuilles de menthe • sel • poivre

Épluchez le demi-concombre et coupez-le en deux dans la longueur. Épépinez-le. Coupez la chair en petits cubes. Plongez-les 30 secondes dans une casserole d'eau bouillante salée, égouttez-les, rafraîchissez-les sous l'eau froide et faites-les égoutter sur un torchon propre.

Ôtez le pédoncule de la tomate, plongez-la 15 à 20 secondes dans une casserole d'eau bouillante, égouttez-la et pelez-la. Coupez-la en deux, éliminez les pépins, détaillez la chair en cubes de la taille de ceux du concombre. Salez-les légèrement, puis laissez-les égoutter sur un torchon propre.

Dans un bol, mélangez le raifort et la mayonnaise. Ciselez 8 feuilles de menthe et 8 pluches d'aneth. Dans un saladier, mélangez les cubes de tomate, de concombre, les herbes ciselées et la sauce au raifort. Selon votre goût, salez à nouveau et poivrez.

Étalez les tranches de saumon sur le plan de travail. Répartissez la farce au centre de chacune, puis rabattez le saumon en donnant la forme de coussinets. Posez les pannequets dans des assiettes, décorez avec les œufs de saumon, des pluches d'aneth et des feuilles de menthe. Servez aussitôt.

ACCORD VIN : un chablis (blanc de Bourgogne).

Ravioles d'avocat au saumon fumé et raifort

PRÉPARATION : 20 MIN

POUR 4 PERSONNES

2 gros avocats mûrs à point • 2 grandes tranches très fines de saumon fumé • 1 pot de crème de raifort (au rayon condiments) • 1 citron • 1 bouquet d'aneth • 2 cuil. à soupe d'huile d'olive • 2 cuil. à soupe d'huile de noisette ou d'amande • poivre du moulin

Pelez les avocats sans blesser la chair. Coupez-les en fines lamelles dans la longueur, en vous arrêtant juste avant le noyau pour qu'elles soient entières, non trouées (utilisez le reste de la chair pour une autre recette, par exemple du guacamole. Arrosez de jus de citron pour qu'elles ne noircissent pas.

Rincez et épongez l'aneth, ciselez-le. Coupez chaque tranche de saumon en deux. Posez la moitié des lamelles d'avocat dans 4 assiettes de service. Tartinez-les de crème de raifort. Répartissez dessus les demi-tranches de saumon pliées en accordéon, et donnez quelques tours de moulin à poivre. Parsemez d'aneth et recouvrez avec le reste des lamelles d'avocat. Mélangez les 2 huiles dans un bol, entourez chaque raviole d'un filet d'huile et servez sans attendre.

ACCORD VIN : un muscadet-sèvre-et-maine (blanc de la vallée de la Loire).

NOTRE CONSEIL : cette entrée raffinée doit être impérativement préparée à la dernière minute pour garder toute sa fraîcheur.

Noix de Saint-Jacques, coppa et polenta

PRÉPARATION : 15 MIN – CUISSON : 15 MIN

POUR 4 PERSONNES

12 noix de Saint-Jacques sans corail • 12 tranches fines de coppa • 12 petites feuilles de basilic • 3-4 cuil. à soupe de pesto de basilic • huile d'olive

POUR LA POLENTA : 250 g de semoule de polenta • 50 g de beurre • 50 g de parmesan râpé • 50 cl d'eau • 50 cl de lait • 1-2 pincées de noix de muscade • sel • poivre

Préparez la polenta. Dans une casserole, portez à ébullition l'eau et le lait. Versez la semoule et faites cuire (comme indiqué sur le paquet), tout en mélangeant. En fin de cuisson, elle doit être plutôt compacte. Hors du feu, incorporez le beurre, le parmesan et la muscade. Salez, poivrez, mélangez.

Étalez la polenta dans un plat recouvert d'un film alimentaire. Lissez la surface. Filmez (piquez le film avec une fourchette pour éviter la condensation). Laissez refroidir et durcir. À l'aide d'un emporte-pièce, découpez des rondelles de polenta plus petites que les tranches de coppa.

Juste avant de servir, poêlez les saint-jacques avec un filet d'huile, 3 min d'un côté, 2 min de l'autre pour qu'elles restent tendres et juteuses. Poêlez aussi la coppa, les rondelles de polenta et, feu éteint, les feuilles de basilic.

Déposez 3 rondelles de polenta dans chaque assiette. Posez dessus la coppa, une feuille de basilic et une noix de Saint-Jacques. Décorez avec quelques gouttes de pesto. Servez.

ACCORD VIN : un côtes-du-jura blanc.

Crème brûlée au foie gras et au pavot

PRÉPARATION : 20 MIN – CUISSON : 20 MIN – RÉFRIGÉRATION : AU MOINS 6 H

POUR 8 PERSONNES

50 g de foie gras mi-cuit • 50 g de foie gras cru • 25 cl de crème liquide • 25 cl de lait • 2 jaunes d'œufs • 1 cuil. à café de cognac • 2 cuil. à soupe de sucre brun en poudre • 2 cuil. à soupe de graines de pavot • sel • poivre

Commencez la préparation au moins 6 h à l'avance : préchauffez le four à 130° (th 4-5). Coupez les 2 sortes de foie gras en dés, mettez-les dans un saladier. Faites bouillir ensemble le lait et la crème dans une casserole, versez le mélange bouillant sur les foies en remuant. Émulsionnez la préparation avec un mixeur-plongeant. Salez, poivrez, ajoutez le cognac et les jaunes d'œufs, mélangez bien avec un fouet à main.

Répartissez le mélange dans des assiettes creuses (supportant la chaleur) sur ½ cm d'épaisseur. Enfournez pour 20 min (procédez en 2 fois si le four n'est pas assez grand).

Retirez les assiettes du four. Laissez refroidir puis mettez au réfrigérateur au moins 6 h.

Cinq minutes avant de servir, saupoudrez les assiettes de sucre et faites rapidement caraméliser le dessus (à l'aide d'un chalumeau ou d'un fer à crème brûlée). Parsemez de graines de pavot et servez aussitôt.

ACCORD : un cognac XO.

Huîtres farcies aux amandes

PRÉPARATION : 20 MIN – CUISSON : 5 MIN

POUR 4 PERSONNES

16 huîtres fines de claire n° 2 • 125 g de beurre demi-sel • 30 g de poudre d'amandes • 2 gousses d'ail • gros sel • poivre du moulin

Sortez le beurre du réfrigérateur à l'avance pour qu'il soit mou. Pelez et hachez très finement l'ail.

Préparez la farce : dans un bol, travaillez longuement à la fourchette le beurre, l'ail, la poudre d'amandes et du poivre. Allumez le gril du four. Ouvrez les huîtres et décollez les mollusques des coquilles. Jetez l'eau.

Mettez une couche de gros sel dans un plat à four. Nettoyez les coquilles creuses, calez-les dans le plat et remettez les huîtres dedans. Répartissez la farce sur les huîtres et faites gratiner environ 5 min sous le gril du four. Servez très chaud avec des mouillettes de pain grillé.

ACCORD VIN : un pernand-vergelesses blanc (Bourgogne).

Foie gras des Landes confit

PRÉPARATION : 40 MIN – MARINADE : 24 H – CUISSON : 20 MIN
REPOS : 2 H 30 + AU MOINS 10 JOURS

POUR 6 PERSONNES

1 foie cru de canard (600 g) • 1 kg de graisse de canard • ½ cuil. à café de chacune de ces épices : clous de girofle, macis, graines de cardamome, cannelle en poudre, poivre de Setchuan • sel

Réunissez toutes les épices et mixez-les (au mini-hachoir, ou utilisez un mortier). Pesez 12 g de sel et 13 g du mélange d'épices par kg de foie gras : soit, pour un foie de 600 g : 7,2 g de sel et 6 g d'épices.

Dénervez le foie gras sans trop l'abîmer. Assaisonnez le foie de tous côtés et enveloppez-le de film alimentaire. Laissez mariner pendant 24 heures au frais.

Dans une cocotte, faites chauffer la graisse de canard à 80°. Plongez-y le foie débarrassé du film alimentaire. Faites cuire pendant 20 min à découvert en le retournant à mi-cuisson. La graisse doit rester à 80° sans jamais bouillir. Si au bout de 20 min le foie résiste sous la pression d'une spatule en bois, c'est qu'il n'est pas encore confit. Poursuivez alors la cuisson quelques minutes.

Sortez le foie cuit de la cocotte (filtrez la graisse et réservez-la), entourez-le de gaze pour lui conserver sa forme et laissez-le s'égoutter 30 min sur une grille. Réservez-le ensuite 2 h au frais.

Passé ce temps, enveloppez le foie de film alimentaire, déposez-le dans une terrine et recouvrez avec la graisse de cuisson tiédie. Réservez la terrine au réfrigérateur 10 à 15 jours.

Au moment de servir, sortez le foie de la terrine et retirez la graisse. Ôtez le film alimentaire. Coupez le foie en tranches un peu épaisses en trempant régulièrement la lame du couteau dans de l'eau très chaude.

Accompagnez de pain de campagne grillé, d'un chutney ou d'une confiture d'oignons.

ACCORD VIN : un jurançon (vin moelleux du Sud-Ouest).

Vol-au-vent financière

PRÉPARATION : 40 MIN – CUISSON : 1 H – REPOS : 1 H 30

POUR 6 PERSONNES

1 croûte de vol-au-vent en pâte feuilletée de 22 cm de diamètre (à commander chez le pâtissier) • 300 g de girolles surgelées • 3 quenelles de volaille (sous-vide) • 3 noix de ris de veau • 10 g de brisures de truffe • 30 g de beurre • 3 cuil. à soupe de vinaigre blanc • sel • poivre

POUR LA SAUCE : 2 cuil. à soupe de crème épaisse • 50 g de beurre • 50 g de farine • 20 cl de vin blanc sec • 1 tablette de bouillon de volaille

Répartissez les girolles surgelées sur un plateau tapissé de papier absorbant et laissez-les décongeler. Dans le même temps, faites dégorger les ris de veau 1 h en les laissant tremper dans de l'eau froide additionnée de vinaigre.

Passé ce temps, égouttez les ris de veau et faites-les blanchir 8 min dans de l'eau bouillante salée. Égouttez-les à nouveau et mettez-les sous presse 30 min en posant dessus une assiette et un poids.

Coupez les girolles en deux. Épongez les ris, éliminez la fine membrane qui les entoure, et découpez-les en cubes. Dans une poêle, faites fondre les 30 g de beurre, faites-y dorer les girolles et les ris de veau sur feu vif, pendant 5 min. Salez et poivrez, réservez.

Préchauffez le four à 150° (th 5). Dans une casserole d'eau bouillante salée, faites pocher les quenelles 10 min. Égouttez-les et découpez-les en rondelles. Préparez la sauce : émiettez la tablette de bouillon dans 30 cl d'eau bouillante. Dans une cocotte, faites fondre le beurre, versez la farine en une seule fois, laissez épaissir 2 min en remuant pour obtenir un roux. Versez le vin, le bouillon et la crème épaisse. Fouettez jusqu'à ce que le mélange soit homogène. Laissez épaissir sur feu doux 10 min.

Enfournez la croûte de vol-au-vent pour 10 min. Dans la cocotte de sauce, ajoutez les quenelles, les ris et les girolles. Laissez réchauffer doucement 10 min en remuant souvent. Garnissez-en la croûte du vol-au-vent, décorez de brisures de truffes et servez aussitôt. Si toute la garniture ne tient pas dans la croûte de vol-au-vent, servez le reste en saucière.

ACCORD VIN : un montagny premier cru (blanc de Bourgogne).

Gaspacho au homard

PRÉPARATION : 25 MIN – CUISSON : 10 MIN – REPOS : 30 MIN

POUR 6 PERSONNES

2 homards de 400 à 500 g • 1 boîte 4/4 de tomates pelées • 300 g de pain de mie sans croûte • 200 g d'oignons blancs • 1 concombre • 1 citron bio • 1 jaune d'œuf extra-frais • 15 cl d'huile d'olive • 1 pointe de moutarde forte • piment d'Espelette • sel • poivre

Endormez les homards 30 min au congélateur puis plongez-les 10 min dans une marmite d'eau bouillante très salée et poivrée. Égouttez-les et laissez tiédir. Préparez la mayonnaise : dans un bol, réunissez le jaune d'œuf et la moutarde, du sel et du poivre. Fouettez en versant l'huile en filet petit à petit.

Concassez les tomates. Pelez le concombre, ôtez les graines et coupez-le en dés. Pelez et émincez grossièrement les oignons. Mixez le tout avec la mie de pain émiettée, 75 cl d'eau froide, du sel et du piment jusqu'à obtenir une soupe lisse. Ajoutez la mayonnaise et mixez 1 seconde.

Décortiquez les homards (corps et pinces), ôtez la poche pierreuse et recueillez le jus qui s'écoule pour l'ajouter au gaspacho. Coupez la chair du homard en gros dés. Rincez le citron et coupez-le en tout petits dés. Versez le gaspacho dans 6 coupelles, répartissez la chair de homard et les dés de citron. Servez froid.

ACCORD VIN : un pouilly-fuissé (blanc du Mâconnais).

NOTRE CONSEIL : vous pouvez aussi utiliser du homard congelé.

Tartare de saumon fumé aux huîtres

PRÉPARATION : 25 MIN

POUR 4 PERSONNES

400 g de saumon frais sans peau • 200 g de cœur de filet de saumon fumé • 10 huîtres creuses n° 2 • 2 échalotes • 1 cuil. à soupe de ketchup • ½ botte de ciboulette • le jus de 1 citron jaune • quelques gouttes de worcestershire sauce • quelques gouttes de Tabasco • sel • poivre

Coupez le saumon frais et le saumon fumé en gros dés. Ouvrez les huîtres, détachez-les de la coquille et coupez-les en 3 ou 4 morceaux. Pelez et émincez finement les échalotes, ciselez la ciboulette.

Dans un saladier, réunissez le saumon frais et le saumon fumé, le jus de citron, l'échalote, les huîtres, le ketchup, un trait de worcestershire sauce et quelques gouttes de Tabasco. Mélangez délicatement, salez et poivrez. Répartissez le tartare dans des verres ou des petits bols et servez aussitôt.

ACCORD VIN : un muscadet-sèvre-et-maine (blanc de la vallée de la Loire).

NOTRE CONSEIL : vous pouvez préparer les éléments du tartare un peu à l'avance et les conserver dans une boîte hermétique au réfrigérateur. En revanche, n'assaisonnez qu'au dernier moment, car le jus de citron « cuit » les poissons.

Feuilleté aux asperges

PRÉPARATION : 30 MIN – RÉFRIGÉRATION : 30 MIN – CUISSON : 25 MIN

POUR 4 PERSONNES

500 g de pâte feuilletée (décongelée ou à commander chez le pâtissier) • 16 asperges vertes • 1 jaune d'œuf • 50 g de farine • sel

POUR LA SAUCE HOLLANDAISE : 2 jaunes d'œufs extra-frais • 200 g de beurre bien froid • 1 cuil. à soupe de jus de citron • poivre blanc

Sur un plan de travail fariné, étalez la pâte en 2 rectangles d'environ 16 x 30 cm (c'est plus facile qu'un seul grand !). Découpez dans chacun d'eux 4 rectangles égaux (8 x 15 cm) et superposez-les 2 par 2 sur une plaque à pâtisserie. À l'aide d'un couteau pointu, prédécoupez un chapeau rectangulaire dans les rectangles du dessus. Réservez la plaque 30 min au réfrigérateur.

Pendant ce temps, grattez les asperges, éliminez un tiers de la queue. Préchauffez le four à 210° (th 7). Badigeonnez les rectangles de pâte de jaune d'œuf battu. Enfournez-les, bien froids, pour 12 min, jusqu'à ce qu'ils soient gonflés et dorés. Sortez-les du four (ne l'éteignez pas, baissez-le à 150°, th 5). Détachez délicatement les chapeaux et réservez le tout. Faites cuire les asperges dans un faitout d'eau bouillante salée pendant environ 10 min, égouttez-les, réservez au chaud.

Remettez les feuilletés à réchauffer dans le four. Préparez la sauce hollandaise : coupez le beurre bien froid en parcelles. Mettez les jaunes d'œufs dans une casserole à fond épais et fouettez-les avec 1 cuillerée à soupe d'eau froide. Posez la casserole sur un bain-marie frémissant. Ajoutez alors le beurre en parcelles peu à peu sans cesser de fouetter. Salez, poivrez, ajoutez le jus de citron à mi-parcours. Dès que tout le beurre est incorporé et que la sauce a pris la consistance d'une mayonnaise, versez-la dans une saucière préchauffée.

Disposez les feuilletés sur un plat de service, répartissez 4 asperges dans chacun d'eux, posez les chapeaux, servez aussitôt avec la sauce hollandaise.

ACCORD VIN : un alsace muscat.

Carpaccio de saint-jacques aux fruits de la passion

PRÉPARATION : 10 MIN – RÉFRIGÉRATION : 1 H

POUR 4 PERSONNES

12 grosses noix de Saint-Jacques sans le corail • 4 fruits de la passion • 2 cuil. à soupe d'huile d'olive • 1 petit morceau de piment • 2 citrons verts • sel • poivre du moulin

Émincez finement le piment (après avoir éliminé les pépins). Rincez et épongez soigneusement les noix de Saint-Jacques sur du papier absorbant puis escalopez-les : détaillez-les en rondelles de 3 mm d'épaisseur et disposez-les dans un plat creux. Pressez 1 citron, versez son jus dans un bol, mélangez-le avec l'huile, du sel, du poivre et le piment émincé.

Coupez les fruits de la passion en deux, retirez les graines juteuses à l'aide d'une petite cuillère, mettez-les dans une passoire au-dessus du bol de sauce, puis appuyez avec la cuillère de manière à faire couler le jus. Versez le jus de passion sur les noix de Saint-Jacques, couvrez de film étirable et laissez mariner 1 h au réfrigérateur.

Pour servir, décorez avec l'autre citron finement tranché.

ACCORD VIN : un champagne blanc de blancs.

Petits flans à la truffe et au foie gras

PRÉPARATION : 20 MIN – CUISSON : 30 MIN

POUR 6 PERSONNES

6 œufs • 1 petite truffe en boîte ou en bocal • 100 g de foie gras en bocal • 20 g de beurre • 4 cuil. à soupe rases de crème épaisse • sel • poivre

Préchauffez le four à 180° (th 6). Beurrez légèrement 6 ramequins et réservez-les au frais. Coupez le fois gras en dés. Détaillez la truffe en fines lamelles en réservant son jus. Dans une jatte, battez légèrement les œufs avec la crème. Ajoutez les lamelles et le jus de truffe, salez, poivrez.

Sortez les ramequins du réfrigérateur, répartissez-y les dés de foie gras, puis versez la préparation à la truffe. Posez les ramequins dans un plat à four à demi rempli d'eau chaude (pour les faire cuire au bain-marie). Enfournez pour 25 à 30 min, jusqu'à ce que les œufs soient juste pris. Servez chaud avec des mouillettes de pain de campagne toasté.

ACCORD VIN : un meursault (blanc de Bourgogne).

Saint-jacques aux truffes

PRÉPARATION : 30 MIN – CUISSON : 45 MIN

POUR 6 PERSONNES

24 grosses noix de Saint-Jacques sans corail • 1 truffe (environ 50 g) • 40 g de beurre • 6 brins de ciboulette • sel • poivre

POUR LA SAUCE : 300 g de moules • 4 champignons de Paris • 2 échalotes • 20 cl de crème liquide • 20 g de beurre • 15 cl de vin blanc sec

POUR ACCOMPAGNER : 600 g de champignons de Paris • 20 g de beurre

Préparez la sauce : lavez et grattez les moules, pelez et hachez les échalotes, nettoyez et hachez les champignons. Faites-les revenir au beurre avec les échalotes dans une grande casserole, et laissez un peu dorer. Ajoutez les moules, mouillez avec le vin blanc et laissez cuire 10 min à couvert, jusqu'à ce que toutes les moules soient ouvertes.

Décoquillez ensuite les moules, remettez-les dans la casserole avec la crème liquide, et mixez à l'aide d'un mixeur-plongeant pour obtenir une sauce onctueuse. Filtrez-la, rectifiez l'assaisonnement et réservez-la dans la casserole sur feu très doux.

Préparez les autres champignons de Paris. Émincez-les. Faites-les revenir dans une poêle, dans 20 g de beurre. Réservez. Faites chauffer une autre poêle avec 40 g de beurre. Saisissez-y les saint-jacques environ 2 min par face sur feu vif. Salez et poivrez. Coupez la truffe en lamelles, ciselez la ciboulette. Mixez à nouveau la sauce quelques secondes au mixeur-plongeant pour qu'elle soit bien mousseuse.

Disposez rapidement les saint-jacques dans des assiettes de service préchauffées, répartissez les lamelles de truffe, parsemez de ciboulette et entourez de sauce. Servez aussitôt avec les champignons.

ACCORD VIN : un savigny-lès-beaune Premier Cru (rouge de Bourgogne).

Sauté de bœuf minute aux truffes et coquillettes

PRÉPARATION : 20 MIN – CUISSON : 15 MIN

POUR 4 PERSONNES

600 g de rumsteck • 50 g de foie gras mi-cuit • 1 truffe de 20 g (ou 1 petite boîte de pelures) • 250 g de coquillettes • 15 cl de porto rouge • 2 cuil. à soupe de crème épaisse • 1 échalote • ½ gousse d'ail • 1,5 tablette de bouillon de volaille • 1 cuil. à soupe de parmesan fraîchement râpé • 30 g de beurre • 8 brins de ciboulette • sel • poivre

Pelez et hachez finement l'ail et l'échalote, séparément. Coupez le foie gras en dés, réservez. Brossez et émincez finement la truffe si elle est fraîche. Rincez et ciselez la ciboulette. Détaillez la viande en bâtonnets, salez-les.

Faites chauffer le beurre dans une cocotte. Saisissez-y rapidement les bâtonnets de viande avec l'ail, à feu vif, en remuant, juste pour les colorer. Égouttez-les à l'écumoire, réservez sous une feuille d'aluminium.

À leur place, faites fondre l'échalote, déglacez avec le porto et 25 cl d'eau. Émiettez la demi-tablette de bouillon, mélangez bien et laissez réduire à feu vif, il ne doit rester qu'un quart de liquide sirupeux.

Pendant ce temps, faites bouillir de l'eau dans un faitout avec la tablette de bouillon entière. Plongez-y les coquillettes, remuez et laissez-les cuire 7 à 9 min (vérifiez sur l'emballage), puis égouttez-les.

Ajoutez la crème dans la cocotte, remuez bien, mettez les coquillettes, mélangez, ajoutez le foie gras, la ciboulette et le parmesan, mélangez 2 min sur feu moyen. Poivrez, ajoutez la viande et la truffe (y compris le jus s'il s'agit d'une boîte), remuez encore 1 min et servez aussitôt.

ACCORD VIN : un coteaux-d'aix-en-provence rouge.

Gigot à la cuillère

PRÉPARATION : 20 MIN – CUISSON : 4 H 15

POUR 6 PERSONNES

1 gigot d'agneau d'environ 2 kg • 4 oignons • 2 échalotes • 1 carotte • 1 petite branche de céleri • 1 petite tête d'ail • 1 bouquet garni • 15 cl de vin blanc sec • 1 tablette de bouillon de volaille • 2 cuil. à soupe d'huile d'olive • sel • poivre

Préchauffez le four à 120° (th 4). Pelez et émincez finement les oignons et les échalotes. Épluchez la carotte et coupez-la en dés. Effilez la branche de céleri et coupez-la également en tout petits dés. Épluchez les gousses d'ail et laissez-les entières. Faites chauffer l'huile dans une cocotte (ovale de préférence). Mettez-y le gigot à revenir à feu vif sur toutes ses faces, jusqu'à ce qu'il soit bien doré.

Sortez le gigot de la cocotte et, à sa place, mettez tous les légumes et le bouquet garni. Faites-les un peu fondre à feu doux, sans colorer.

Salez, poivrez, versez le vin blanc, émiettez la tablette de bouillon et ajoutez 15 cl d'eau chaude. Remuez quelques minutes sur feu doux pour bien mélanger tous les ingrédients puis remettez le gigot sur les légumes. Couvrez la cocotte.

Enfournez la cocotte couverte pour 4 h, sur une grille placée au milieu du four. Passé 3 h, sortez la cocotte, retournez le gigot, vérifiez qu'il y a assez de liquide (rajoutez un peu d'eau ou de bouillon si nécessaire).

Remettez à cuire pour 1 h. Après 4 h de cuisson, le gigot est confit et on peut le « découper » avec une cuillère. S'il y a trop de liquide, réservez le gigot au chaud dans la cocotte couverte, versez la sauce dans une casserole et faites-la réduire à feu vif quelques minutes pour qu'elle épaississe un peu. Servez très chaud, entouré de la sauce (ôtez le bouquet garni) et accompagné d'une purée de pommes de terre.

NOTRE CONSEIL : demandez au boucher de couper l'os du manche au ras de la souris afin de le raccourcir pour que le gigot puisse aisément rentrer dans une cocotte ovale.

ACCORD VIN : un saint-estèphe (rouge du Médoc).

Dinde farcie aux marrons

PRÉPARATION : 40 MIN – CUISSON : 2 H 30

POUR 8 PERSONNES

1 dinde label rouge (3 kg environ) • 1 boîte (format 4/4) de marrons au naturel • 300 g de farce fine (chez le charcutier) • 1 oignon • 2 échalotes • 100 g de lardons allumettes fumés • 1 tranche de pain de mie • 15 cl de lait • 50 g de beurre • 1 œuf • 1 tablette de bouillon de volaille • 3 cuil. à soupe de cognac • sel • poivre

Émiettez le pain dans un bol, couvrez de lait. Pelez et émincez les échalotes et l'oignon. Mettez-les à dorer à feu doux dans une poêle avec 10 g de beurre et les lardons, 10 min, en remuant souvent. Égouttez les marrons, concassez-en la moitié.

Dans une jatte, réunissez le pain égoutté, le contenu de la poêle refroidi, la farce fine, l'œuf, le cognac et les marrons concassés. Salez, poivrez, mélangez pour obtenir une farce homogène (rajoutez des marrons au besoin). Glissez la farce dans la dinde et recousez l'ouverture ou fermez-la avec des piques en bois.

Massez la dinde avec le reste de beurre, salez et poivrez. Posez-la dans un plat à four et mettez-la dans le four froid. Allumez-le à 150° (th 5), et comptez 2h 30 de cuisson. Au bout de 30 min de cuisson, diluez la tablette de bouillon dans 30 cl d'eau très chaude. Versez ce bouillon dans le plat et arrosez-en régulièrement la dinde durant le reste de la cuisson (si, au bout de 1 h 45, la dinde colore trop, couvrez-la de papier aluminium). Vingt minutes avant la fin de la cuisson, mettez le reste de marrons entiers autour de la dinde.

Après cuisson, laissez reposer la dinde 10 min hors du four sous du papier aluminium avant de servir.

ACCORD VIN : un languedoc-pic-saint-loup.

Dinde farcie, jus aux champignons sauvages

PRÉPARATION : 40 MIN – CUISSON : 2 H 20

POUR 6 À 8 PERSONNES

1 dinde fermière de 2,5 kg • 150 g de girolles (surgelées) • 150 g de cèpes (surgelés) • 100 g de marrons au naturel (en boîte ou sous vide) • 150 g de foie gras mi-cuit • 150 g de lard fumé • 150 g de blanc de volaille • 400 g de pain de campagne • 1 cuil. à soupe de fond de veau • 150 g de beurre • 10 cl d'huile • sel • poivre

Préparez la farce : retirez la croûte du pain, coupez la mie en dés et faites-les dorer à la poêle dans une cuillerée à soupe d'huile. Égouttez et réservez. Faites chauffer un peu d'huile dans une autre poêle et mettez-y les champignons encore surgelés à revenir 3 à 4 min en remuant.

Égouttez-les en réservant le jus de cuisson. Hachez le blanc de volaille. Détaillez le foie gras et le lard en petits dés. Préchauffez le four à 180° (th 6). Dans un saladier, réunissez les dés de pain, les blancs de volaille, le lard, les marrons, les champignons et le foie gras. Salez, poivrez et mélangez.

Farcissez la dinde avec cette préparation, cousez l'ouverture ou fermez-la avec des piques en bois.

Mettez la volaille dans un plat à four, salez et poivrez-la, parsemez-la de la moitié du beurre en noisettes et enfournez pour 2 h 15 en l'arrosant régulièrement.

Vingt minutes avant la fin de la cuisson, augmentez la chaleur du four à 210° (th 7) et terminez la cuisson.

Sortez la volaille du four et laissez-la ensuite reposer sur un plat de service préchauffé, recouverte de papier aluminium, le temps de finaliser la sauce.

Versez 25 cl d'eau chaude dans le plat de cuisson, ajoutez le jus réservé des champignons et saupoudrez de fond de veau. Laissez réduire de moitié sur feu vif puis incorporez le reste de beurre en parcelles en fouettant. Mettez en saucière et servez avec la dinde.

ACCORD VIN : un côtes-du-rhône-villages-cairanne.

Selle d'agneau en croûte de pommes de terre

PRÉPARATION : 45 MIN – RÉFRIGÉRATION : 12 H – CUISSON : 3 H 25 – REPOS : 30 MIN

POUR 8 PERSONNES

2 selles d'agneau désossées d'environ 400 g pièce + 1,5 kg d'os et parures d'agneau • 1,6 kg de pommes de terre à chair ferme • 2 oignons • 1 carotte • 150 g de céleri-rave • 1 blanc de poireau • 1 cuil. à café de concentré de tomates • 3 gousses d'ail • 100 g de chapelure • 1 bouquet de persil plat • 2 brins de romarin • 1 bouquet garni • 100 g de beurre très froid • 5 cuil. à soupe d'huile • sel • poivre

La veille, pelez les oignons, la carotte, le céleri-rave. Coupez-les tous en dés. Nettoyez et émincez le poireau. Épluchez l'ail. Dans une cocotte, faites rissoler fortement les parures et les os d'agneau avec 1 cuillerée à soupe d'huile. Ajoutez les légumes, le concentré de tomates, l'ail et le bouquet garni. Versez de l'eau à hauteur et laissez mijoter environ 2 h 30. Filtrez le jus dans une passoire fine. Réservez 12 h au frais.

Préchauffez le four à 220° (th 7/8). Épluchez les pommes de terre, râpez-les. Séchez-les dans un torchon. Effeuillez et ciselez le persil. Dans une poêle de 24 cm de diamètre, faites chauffer 1 cuillerée d'huile, étalez-y 1/4 des pommes de terre en fine couche. Faites-la dorer sur feu moyen 10 min sans la retourner. Faites-la glisser sur du film étirable. Répétez l'opération 3 fois et parsemez les galettes de persil.

Coupez les selles en deux pour obtenir des morceaux d'environ 20 cm de longueur. Salez et poivrez, puis roulez-les dans la chapelure. Posez chaque morceau sur une galette, et enroulez-les dans le film étirable, en serrant bien les bords. Laissez reposer 30 min. Retirez alors les films, posez les selles en croûte sur la grille du four en glissant la lèchefrite dessous. Enfournez pour 15 min.

Pendant ce temps, préparez la sauce. Dégraissez le jus d'agneau (retirez la graisse durcie à la surface). Dans une casserole, faites-le réduire de moitié avec le romarin. Ôtez le romarin et ajoutez le beurre froid en parcelles en fouettant énergiquement.

Sortez les selles en croûte du four, puis coupez-les en quatre morceaux et répartissez-les dans des assiettes. Servez aussitôt avec la sauce en saucière.

ACCORD VIN : un montravel rouge (Sud-Ouest, région de Bergerac).

Filet de biche en croûte et girolles

PRÉPARATION : 30 MIN – CUISSON : 30 MIN – REPOS : 30 MIN

POUR 6 PERSONNES

900 g de filet de biche • 500 g de pâte feuilletée (décongelée ou commandée chez le pâtissier) • 1 jaune d'œuf • 20 g de farine • 2 cuil. à soupe d'huile

POUR ACCOMPAGNER : 1 kg de girolles (fraîches ou surgelées) • 600 g de petits champignons de Paris • 2 échalotes • ½ bouquet de persil plat • 30 g de beurre • sel • poivre

Faites dorer le filet de biche de tous les côtés avec l'huile dans une cocotte. Laissez-le refroidir (environ 30 min) sur un plat après l'avoir salé et poivré.

Préchauffez le four à 210° (th 7). Sur un plan de travail fariné, étalez la pâte feuilletée en un grand rectangle. Posez le rôti froid au milieu, rabattez la pâte pour l'envelopper et soudez les bords en les pinçant. Tapissez une plaque à pâtisserie d'une feuille de papier sulfurisé. Posez le rôti en croûte dessus et badigeonnez-le de jaune d'œuf délayé dans un peu d'eau. Glissez au four et laissez cuire 20 min pour une cuisson rosée (25 min à point).

Pendant ce temps, nettoyez les girolles et les champignons de Paris, épluchez et émincez les échalotes, ciselez le persil. Faites chauffer le beurre dans une sauteuse, mettez les échalotes et faites-les blondir quelques instants. Ajoutez tous les champignons, remuez, salez et poivrez.

Laissez cuire à feu vif 8 à 10 min, jusqu'à ce qu'il n'y ait plus d'eau. Au dernier moment, ajoutez le persil ciselé. à la sortie du four, laissez reposer le filet en croûte 5 min puis servez-le sur un plat, accompagné des champignons.

ACCORD VIN : un vosne-romanée (rouge de Bourgogne).

NOTRE CONSEIL : vous pouvez remplacer le filet de biche par du filet de bœuf.

Tournedos Rossini

PRÉPARATION : 10 MIN – CUISSON : 10 MIN

POUR 6 PERSONNES

6 tournedos de 130 g chacun (filet ou rumsteck) • 300 g de foie gras de canard mi-cuit • 6 tranches de pain de mie • 20 g de pelures de truffe (en boîte) • 4 cuil. à soupe de madère • 80 g de beurre • sel • poivre

Coupez le foie gras en 6 tranches, réservez. Retirez la croûte des tranches de pain. Faites-les dorer dans une poêle avec 50 g de beurre. Réservez-les au chaud dans un plat de service.

Saisissez à feu vif les tournedos avec le reste de beurre dans la poêle. Comptez 2 min de cuisson par face si vous aimez la viande saignante (3 min à point).

Salez et poivrez les tournedos, posez-les sur le pain doré. Déposez sur chacun les tranches de foie gras.

Versez le madère dans la poêle, ajoutez les truffes, et déglacez en grattant les sucs de cuisson à l'aide d'une spatule en bois. Laissez réduire la sauce 1 min à feu vif, nappez-en les tournedos et servez aussitôt.

ACCORD VIN : un pomerol (rouge du Bordelais).

NOTRE CONSEIL : remplacez les tranches de foie gras mi-cuit par 6 escalopes de foie gras frais de 50 g, poêlée 1 min de chaque côté dans une poêle antiadhésive.

Cabillaud pané aux noisettes, purée de potimarron

PRÉPARATION : 35 MIN – CUISSON : 20 MIN

POUR 8 PERSONNES

8 pavés de cabillaud • 60 g de noisettes concassées • 30 g de beurre • 1 potimarron • 2 pommes de terre • 2 rouleaux de réglisse (facultatif) • 5 cl d'huile d'olive • 1 botte de thym citronné • 10 cl de crème liquide • sel et poivre

Préchauffez le four à 180° (th. 6). Assaisonnez de sel et de poivre les pavés de poisson. Mixez les noisettes, le thym citronné avec le beurre.

Recouvrez de ce mélange une des faces du poisson, ajoutez un filet d'huile. Posez les pavés de poisson sur une plaque recouverte de papier sulfurisé et enfournez pour 10 min afin que la panure soit croustillante.

Ajoutez ensuite des morceaux de réglisse à mi-cuisson.

Épluchez le potimarron et les 2 pommes de terre. Cuisez-les 10 min dans une casserole d'eau bouillante salée. Une fois les légumes cuits, égouttez. Mixez avec la crème, salez.

Servez le poisson avec la purée présentée à part dans des petits ramequins.

NOTRE CONSEIL : pour la panure, remplacez les noisettes par des pistaches concassées ou des amandes.

ACCORD VIN : un montlouis (blanc de Loire).

Poularde au citron confit en cocotte lutée

PRÉPARATION : 40 MIN – CUISSON : 2 H

POUR 6 PERSONNES

1 poularde • 1 kg de pommes de terre à chair ferme • 9 fonds d'artichaut (surgelés) • 3 oignons • 4 citrons confits (en bocal) • 300 g de farine • 30 cl de vin blanc sec • 2 cuil. à soupe d'huile • 30 g de beurre • 1 bouquet garni • 1 tablette de bouillon de volaille • sel • poivre

Faites blanchir les fonds d'artichaut 5 min à l'eau bouillante salée. Égouttez-les et coupez-les en deux. Pelez et émincez les oignons. Coupez les citrons en rondelles. Pelez les pommes de terre et coupez-les en tranches épaisses.

Préparez du bouillon en diluant la tablette dans 60 cl d'eau très chaude. Préchauffez le four à 150° (th 5). Faites dorer la poularde dans une cocotte à feu vif avec l'huile et le beurre. Égouttez-la. À sa place, faites fondre les oignons, remettez la poularde, ajoutez les pommes de terre, les artichauts, les citrons et le bouquet garni. Salez, poivrez, et versez le vin.

Ajoutez du bouillon pour que le liquide arrive à mi-hauteur de la cocotte. Mélangez la farine avec un peu d'eau pour faire une pâte à luter. Façonnez-la en un boudin. Posez-le à cheval sur tout le rebord de la cocotte. Mettez le couvercle et appuyez un peu pour le sceller. Enfournez 1 h 30. Servez très chaud, en cassant la pâte à table.

ACCORD VIN : un alsace riesling.

STAUB

Lasagne de chevreuil aux marrons confits

PRÉPARATION : 40 MIN – CUISSON : 2 H

POUR 6 PERSONNES

1,2 kg d'épaule de chevreuil • 12 plaques de lasagnes • 1 oignon • 1 carotte • 2 branches de céleri • 2 l de vin rouge • 2 citrons verts bio • 5 oranges bio • 12 marrons entiers au naturel • ¼ de bâton de cannelle • 1 étoile de badiane • 200 g de chutney de mangue (au rayon exotique) • 20 cl de sirop de grenadine • 18 pignons de pin • 1 cuil. à soupe de concentré de tomates • 10 cl d'huile d'olive • 100 g de beurre • sel • poivre

Pelez la carotte, le céleri (réservez 30 feuilles) et l'oignon, et émincez-les en petits dés. Brossez les agrumes sous un filet d'eau et prélevez leurs zestes, émincez-les finement en séparant citrons et oranges. Salez et poivrez l'épaule.

Mettez la viande à revenir de tous côtés dans une cocotte avec l'huile. Lorsqu'elle est dorée, retirez-la et mettez à la place les dés de légumes. Remuez 2 min, ajoutez le concentré de tomates et versez le vin. Remettez l'épaule avec la cannelle, la badiane et les zestes des 2 citrons et de 1 orange. Couvrez et laissez frémir 1 h 45 min.

Faites cuire les plaques de lasagne en plusieurs fois (pour qu'elles ne se collent pas) dans une grande quantité d'eau bouillante salée. Au bout de 8 à 10 min, retirez-les à l'écumoire et égouttez sur un linge. Taillez-les en carrés d'environ 10 x 10 cm. Réservez au frais entre des feuilles de papier sulfurisé.

Versez le sirop de grenadine dans une casserole, et faites confire 10 min les zestes des 4 oranges restantes. Faites dorer les pignons à sec dans une poêle et réservez. Une fois l'épaule fondante, sortez-la de la cocotte (réservez le fond de sauce), détachez la chair des os et effilochez-la.

Mélangez-la avec le chutney, les marrons et les feuilles de céleri réservées. Filtrez le fond de sauce dans une casserole sur feu vif et incorporez le beurre en noisettes en fouettant. Ajoutez au reste de la préparation. Pour servir, déposez une lasagne sur 6 assiettes, garnissez de préparation à la viande, recouvrez d'une autre lasagne, parsemez de pignons et des zestes confits.

ACCORD VIN : un hermitage rouge (Rhône).

Chapon au pot, sauce au foie gras

PRÉPARATION : 45 MIN – CUISSON : 2 H

POUR 6 À 8 PERSONNES

1 chapon prêt à cuire de 3 kg • 6 topinambours • 6 carottes • 3 panais • 3 poireaux • 300 g de chou-rave • 4 petits navets • 2 branches de céleri • ½ citron • 3 tablettes de bouillon de légumes • gros sel • sel • poivre

POUR LA SAUCE : 2 jaunes d'œufs • 200 g de bloc de foie gras • 30 cl de crème liquide • ½ citron

Dans un faitout, portez 2,5 l d'eau à ébullition, avec du gros sel, du poivre et les tablettes de bouillon. Frottez le chapon avec le demi-citron pour qu'il reste bien blanc. Mettez-le dans le faitout (le bouillon doit recouvrir la volaille), écumez puis réglez le feu et laissez frémir à couvert 2 h.

Pendant ce temps, épluchez tous les légumes. Quarante minutes avant la fin de la cuisson, mettez dans le bouillon les carottes, les navets, le chou-rave et le céleri. Vingt minutes après, ajoutez les topinambours, les panais et les poireaux coupés en deux.

Préparez la sauce : dans le bol d'un robot, mettez le foie gras, les jaunes d'œufs et la crème. Mixez pour obtenir une crème homogène. Versez-la dans une casserole avec 20 cl de bouillon de cuisson du chapon et quelques gouttes de jus du citron. Mélangez, salez, poivrez et réservez sur feu doux (sans bouillir). Égouttez le chapon, laissez-le reposer 10 min couvert d'aluminium. Entourez-le ensuite des légumes et servez avec la sauce chaude en saucière.

ACCORD VIN : un chassagne-montrachet 1er cru blanc (Bourgogne).

Magrets de canard au cassis

PRÉPARATION : 15 MIN – MARINADE : 20 MIN – CUISSON : 25 MIN

POUR 4 PERSONNES

2 gros magrets de canard • 450 g de cassis surgelés • 10 cl de liqueur de cassis • 2 cuil. à soupe de miel liquide • 4 cuil. à soupe de vinaigre de vin • 1 cuil. à soupe de vinaigre balsamique • sel • poivre

Quadrillez le gras des magrets avec la pointe d'un couteau. Dans un plat creux, mélangez le vinaigre de vin et le miel, frottez les deux faces des magrets avec ce mélange et laissez-les mariner 20 min. Passé ce temps, égouttez-les.

Faites chauffer une poêle antiadhésive épaisse. Quand elle est bien chaude, posez les magrets côté gras contre le fond. Comptez 10 min de cuisson à feu moyen, puis retournez-les et jetez le gras contenu dans la poêle. Salez, poivrez, couvrez la poêle et laissez encore mijoter 10 min.

Sortez les magrets de la poêle sans les piquer et laissez-les reposer sous une double feuille d'aluminium. Pendant ce temps, versez les cassis dans la poêle et faites-les mijoter 5 min en remuant pour qu'ils s'enrobent de jus de magret. Égouttez et mettez-les dans un plat de service préchauffé.

Déglacez la poêle avec la liqueur de cassis et le vinaigre balsamique, en grattant les sucs avec une spatule. Coupez les magrets en tranches, remettez-les dans le plat de service. Versez la sauce sur les cassis et les magrets, servez aussitôt avec des rondelles de pommes de terre sautées, bien dorées.

ACCORD VIN : un côtes-de-bourg (rouge du Bordelais).

Gigot en croûte baumanière

PRÉPARATION : 35 MIN – CUISSON : 45 MIN

POUR 4 PERSONNES

1 gigot d'agneau de lait de 1 kg • 2 rognons d'agneau • 7 cl de madère • 60 g de beurre • 1 brin de thym • 1 brin de romarin • sel • poivre

POUR LA CROÛTE : 400 g de pâte feuilletée • 1 jaune d'œuf • farine • 10 g de beurre

Faites désosser le gigot par le boucher, il va dégager la chair de l'os jusqu'à la jointure et laisser le manche. Préchauffez le four à 240° (th 8).

Préparez la farce : coupez les rognons en dés. Faites-les revenir sur feu vif 8 min dans 30 g de beurre en remuant. Parsemez d'une pincée de chaque herbe finement broyée. Arrosez de madère. Lorsqu'il s'est évaporé, salez et poivrez, baissez le feu et laissez cuire encore 5 min.

Posez le gigot à plat, garnissez-le de rognons égouttés dans le creux laissé par l'os. Refermez-le et recousez-le pour qu'il retrouve sa forme d'avant le désossage. Mettez dans un plat à four, salez, poivrez, pommadez-le du beurre restant. Faites-le rôtir 15 min au four. Retirez le gigot du four.

Laissez-le tiédir 10 min sur une grille, le temps d'étaler la pâte feuilletée sur le plan de travail à peine fariné. Baissez le four à 210° (th 7). Enveloppez le gigot dans la pâte. Appuyez tout autour pour souder les bords et suivre le modelé de la viande. Badigeonnez le dessus de la pâte de jaune d'œuf. Posez le gigot sur la lèchefrite beurrée. Enfournez pour 15 à 20 min, le feuilleté doit être doré. Servez le gigot entier accompagné de haricots verts, cuits 15 min à la vapeur.

ACCORD VIN : un côtes-de-provence rouge.

Carré d'agneau en croûte d'herbes

PRÉPARATION : 20 MIN – CUISSON : 20 MIN

POUR 4 PERSONNES

1 carré d'agneau de 8 côtes • 1 petit bouquet de persil plat • 2 filets d'anchois à l'huile • 2 gousses d'ail • 30 g de chapelure de pain • 1 brin de thym • 30 g de beurre • 2 cuil. à soupe d'huile de pépins de raisin • poivre

Demandez à votre boucher de dégraisser le carré d'agneau et de ficeler chaque côte en commençant par le centre du carré et en faisant un double nœud pas trop serré. Préchauffez le four à 180° (th 6). Pelez l'ail. Faites chauffer 1 cuillerée d'huile dans une cocotte. Saisissez la viande à feu vif sur le côté bombé. Retournez la viande et saisissez l'autre côté 1 min. Ajoutez le beurre et arrosez la viande quand il est fondu. Ajoutez 1 gousse d'ail et le thym.

Remettez la viande sur le côté creux et enfournez la cocotte pour 6 min. Posez le carré sur un plat, couvrez de papier aluminium et laissez reposer au moins 4 min. Passez le four en position gril. Lavez, séchez et effeuillez le persil. Mettez les feuilles dans le bol d'un mini-robot avec les anchois, la chapelure, la deuxième gousse d'ail en lamelles et du poivre. Mixez.

Découvrez la viande et retirez les ficelles. Arrosez le dessus du carré d'un filet d'huile. Déposez la chapelure verte dessus, en appuyant avec les doigts pour la faire adhérer.

Videz la poêle de sa graisse et remettez le carré dedans. Glissez 1 min sous le gril. Retirez dès que la croûte blondit. Découpez le carré entre les côtes et servez aussitôt avec des haricots verts.

ACCORD VIN : un côtes-du-rhône-villages rouge.

Trifle à la rose et aux litchis

PRÉPARATION : 40 MIN – CUISSON : 10 MIN – RÉFRIGÉRATION : 2 À 3 H

POUR 4 PERSONNES

12 litchis frais • 200 g de framboises surgelées • 8 biscuits roses de Reims • 2 cuil. à soupe de liqueur de framboise • 2 cuil. à soupe d'eau de rose • 20 cl de crème liquide très froide • 100 g de sucre en poudre • 4 pétales de roses non traités • 1 blanc d'œuf • 1 cuil. à soupe de sucre cristallisé

Dans une petite casserole, mettez les framboises et la moitié du sucre en poudre. Faites cuire doucement 10 min pour obtenir une compote. Ajoutez la liqueur, laissez refroidir complètement. Pendant ce temps, pelez et dénoyautez les litchis. Hachez-les grossièrement au couteau et réservez-les avec leur jus.

Montez la crème liquide très froide en chantilly avec le reste de sucre en poudre. Écrasez les biscuits (sauf ½ pour le décor) au rouleau à pâtisserie ou au mixeur. Répartissez la moitié de cette poudre dans 4 verres hauts. Imbibez-la d'eau de rose. Disposez dessus une couche de compote de framboise, puis une couche de chantilly.

Répartissez le reste de poudre de biscuits puis les litchis. Terminez par une couche de chantilly et parsemez le dessus des verres de quelques miettes de biscuit rose (avec le ½ réservé). Laissez reposer au réfrigérateur 2 à 3 h. Quelques minutes avant de servir, versez le sucre cristallisé dans un bol. Badigeonnez au pinceau les pétales de rose avec le blanc d'œuf puis roulez-les dans le sucre cristallisé. Décorez les trifles de ces pétales givrés.

Bonbons de pruneaux aux noix

PRÉPARATION : 20 MIN – CUISSON : 15 MIN – MARINADE : 2 H

POUR 4 PERSONNES

16 pruneaux d'Agen • 3 cuil. à soupe d'armagnac (ou du thé) • 16 cerneaux de noix • 8 feuilles de bricks • 30 g de beurre • 500 ml de glace à la vanille

Dénoyautez les pruneaux. Remplacez le noyau par un cerneau de noix. Faites macérer dans l'armagnac pendant 2 h.

Coupez les feuilles de brick en deux. Égouttez les pruneaux. Dans chaque moitié de brick, roulez un pruneau comme si vous emballiez un bonbon. Posez-les sur la plaque du four recouverte d'une feuille de papier sulfurisé.

Préchauffez le four à 180° (th 6). Faites fondre le beurre dans une petite casserole. Passez du beurre fondu sur les bricks à l'aide d'un pinceau. Faites-les dorer 15 min. Répartissez-les sur 4 assiettes. Servez avec une boule de glace à la vanille.

ACCORD VIN : un maury (vin doux naturel du Roussillon).

NOTRE CONSEIL : vous pouvez remplacer les noix par des amandes mondées.

Poires rôties aux pistaches

PRÉPARATION : 10 MIN – CUISSON : 40 MIN

POUR 4 PERSONNES

4 poires • 3 cuil. à soupe de pâte de pistache sucrée (épiceries fines ou orientales) • 4 cuil. à soupe de miel liquide • 50 g de pistaches décortiquées non salées • 20 g de beurre • glace à la pistache

Préchauffez le four à 180° (th 6). Épluchez les poires en gardant leurs queues. Enlevez délicatement le cœur des poires par-dessous, à l'aide d'un couteau économe ou d'un couteau effilé.

Beurrez un plat à four. Fourrez les poires de pâte à la pistache. Déposez-les debout dans le plat beurré. Recoupez un peu la base si elles ne sont pas stables. Arrosez les poires de miel. Mettez un petit verre d'eau dans le plat.

Enfournez pour 40 min. Arrosez les poires toutes les 10 ou 20 min avec le jus. À la sortie du four, parsemez de pistaches concassées. Servez-les tièdes ou froides, avec une boule de glace à la pistache.

ACCORD VIN : un vouvray demi-sec effervescent (Loire).

Mini millefeuilles

PRÉPARATION : 25 MIN – CUISSON : 15 MIN

POUR 4 PERSONNES

2 rouleaux de pâte feuilletée • 2 cuil. à soupe de sucre glace • 50 cl de lait • 2 jaunes d'œufs • 100 g de sucre en poudre • 40 g de Maïzena • ½ gousse de vanille • 25 g de beurre doux • 1 barquette de framboises

La veille, préparez une crème pâtissière. Versez le lait dans une casserole. Fendez la gousse de vanille en deux. Grattez le contenu au-dessus de la casserole et mettez la gousse dedans. Portez à ébullition. Dans un saladier, battez les 2 jaunes avec le sucre et la Maïzena. Versez le lait bouillant en filet sans cesser de fouetter. Reversez dans la casserole. Ajoutez le beurre en dés. Faites épaissir sur feu doux en tournant sans arrêt. Laissez refroidir puis placez au réfrigérateur.

Le jour même, préchauffez votre four à 180° (th 6). Déroulez les pâtes feuilletées et saupoudrez-les de sucre glace. Mettez-les à cuire 10 min dans le four chaud. Sortez et laissez refroidir. À l'aide d'un petit emporte-pièce, découpez un nombre pair de ronds dans la pâte feuilletée.

Remplissez une poche à douille de crème pâtissière et garnissez la moitié des ronds de pâte. Recouvrez d'un autre rond de pâte feuilletée et saupoudrez le dessus de sucre glace. Décorez chaque mini mille-feuille d'une framboise.

ACCORD VIN : un champagne brut.

Salade d'oranges aux dattes

PRÉPARATION : 20 MIN – CUISSON : 40 MIN – RÉFRIGÉRATION : 1 H

POUR 4 PERSONNES

1 kg d'oranges (maltaises de préférence) • 6 grosses dattes • 75 g d'amandes effilées • 50 g de sucre • 2 cuil. à soupe de rhum (facultatif) • 1 pincée de cannelle

Dans une petite casserole, faites bouillir 20 cl d'eau avec le sucre pendant 5 min, puis éteignez le feu et laissez tiédir. Pelez les oranges à vif et coupez-les en fines rondelles en éliminant les pépins. Coupez les dattes en deux dans la longueur et ôtez les noyaux. Recoupez les demi-dattes en lanières.

Faites griller quelques secondes les amandes à sec dans une poêle pour qu'elles dorent.

Disposez les tranches d'orange et les dattes dans un plat creux assez grand pour qu'elles ne s'empilent pas trop. Ajoutez le rhum et la cannelle au sirop de sucre tiède, mélangez bien et versez en filet sur les fruits. Placez au moins 1 h au frais. Au moment de servir, décorez la salade avec les amandes grillées.

ACCORD VIN : un loupiac (blanc liquoreux du Bordelais).

Sabayon aux marrons glacés

PRÉPARATION : 15 MIN – CUISSON : 8 À 10 MIN – RÉFRIGÉRATION : 2 H

POUR 6 PERSONNES

250 g de sucre en poudre • 8 jaunes d'œufs • 30 cl de vin blanc fruité • 10 cl de Grand Marnier • 1 cuil. à café de vanille liquide • 10 marrons glacés

Cassez 4 marrons en morceaux. Mettez le sucre et les jaunes dans un saladier, fouettez 2 min. Mettez le saladier dans un bain-marie, posez sur feu modéré, fouettez encore, jusqu'à ce que le mélange blanchisse.

Versez le vin en filet, toujours en fouettant. Ajoutez le Grand Marnier et la vanille. Continuez à fouetter jusqu'à ce que le mélange devienne épais et mousseux. Retirez alors du bain-marie et fouettez encore 1 min environ.

Disposez 1 cuillerée de sabayon dans chaque coupe. Répartissez des morceaux de marrons, nappez avec le reste de sabayon et mettez au réfrigérateur 2 h au moins avant de servir. Au moment de servir, posez dans chaque coupe un ou deux marrons glacés entiers.

ACCORD VIN : un monbazillac (liquoreux du Sud-Ouest).

Petits soufflés aux amandes

PRÉPARATION : 30 MIN – CUISSON : 25 MIN

POUR 6 PERSONNES

4 œufs • 20 cl de lait • 20 cl de crème liquide • 100 g de sucre • 80 g de beurre • 75 g de farine • 25 g de poudre d'amandes • 10 cl d'amaretto (liqueur italienne à l'amande amère) • 75 g d'amandes effilées

Beurrez 6 moules à soufflé individuels et réservez au frais. Préchauffez le four à 210° (th 7). Séparez les jaunes des blancs d'œufs. Montez les blancs en neige ferme et réservez au frais. Dans une casserole, portez à ébullition le lait, la crème et le sucre, puis éteignez le feu.

Faites fondre le reste de beurre dans une autre casserole. Lorsqu'il mousse, versez la farine en pluie et remuez vivement avec un fouet. Versez alors le mélange au lait chaud en filet, en fouettant. Remuez sur feu doux pour faire un peu épaissir. Laissez tiédir, puis ajoutez les jaunes d'œufs un par un en remuant longuement.

Incorporez l'amaretto, la poudre d'amandes puis, délicatement, les blancs. Répartissez la préparation dans les moules et enfournez pour 15 min environ, jusqu'à ce que les soufflés soient gonflés et dorés. Faites dorer les amandes à sec dans une poêle et parsemez-en les soufflés à la sortie du four.

ACCORD VIN : une blanquette de Limoux méthode ancestrale (effervescent du Languedoc).

Millefeuilles aux châtaignes

PRÉPARATION : 25 MIN – CUISSON : 25 MIN

POUR 6 PERSONNES

2 rouleaux de pâte feuilletée pur beurre (du pâtissier de préférence) • 50 cl de lait frais entier • 6 jaunes d'œufs • 100 g de sucre • 40 g de farine • 250 g de crème de marrons • 125 g de crème liquide • une douzaine de marrons (nature ou glacés)

Préparez une crème pâtissière : faites bouillir le lait. Fouettez les jaunes d'œufs avec le sucre jusqu'à ce qu'ils blanchissent. Incorporez la farine, mélangez bien. Versez le lait bouillant.

Dans une casserole, portez le tout à ébullition en mélangeant. Lorsque la crème a épaissi, versez dans un récipient et laissez refroidir.

Montez la crème liquide en crème fouettée. Incorporez la crème de marrons à la crème pâtissière puis ajoutez la crème fouettée au fouet.

Réservez au frais.

Préchauffez le four à 210° (th 7). Déroulez les pâtes feuilletées. Taillez dans chacune 3 bandes de tailles égales. Faites-les cuire 10 min environ sur une plaque, recouvertes d'un poids léger (par exemple une feuille de cuisson antiadhésive) pour que la pâte se lève droite. Laissez refroidir.

Coupez chaque bande en trois. Montez les millefeuilles avec 3 plaques par millefeuille en alternant 1 tranche de feuilletage, de la crème et des brisures de marrons.

ACCORD VIN : un rivesaltes ambré (vin doux naturel du Roussillon).

Soufflé au Grand Marnier

PRÉPARATION : 40 MIN – CUISSON : 25 MIN

POUR 6 PERSONNES

60 cl de lait • 6 œufs • 180 g de sucre en poudre • 60 g de farine • 5 cl de liqueur de Grand Marnier • 30 g de beurre (pour le moule) • 2 cuil. à soupe de sucre cristallisé • 1 cuil. à soupe de sucre glace • 1 pincée de sel

Faites chauffer le lait dans une grande casserole. Séparez les blancs d'œufs des jaunes. Dans une jatte, fouettez les jaunes et 130 g de sucre en poudre, pour qu'ils blanchissent. Ajoutez la farine tamisée en remuant doucement, puis le lait chaud en filet, sans faire mousser.

Reversez la préparation dans la casserole et faites cuire sur feu doux en remuant sans cesse jusqu'à ce que la crème épaississe et se détache des parois. Versez-la dans la jatte propre et laissez-la refroidir en remuant souvent. Dans la crème froide, versez le Grand Marnier, mélangez.

Préchauffez le four à 240° (th 8). Beurrez 1 moule à soufflé et poudrez-le de sucre cristallisé en l'inclinant pour répartir le sucre. Battez les blancs en neige ferme avec le sel. Enfin, ajoutez le reste de sucre en poudre en fouettant. Mélangez à la crème en soulevant la masse avec une spatule souple.

Versez dans le moule, passez la lame d'un couteau autour pour décoller la pâte et permettre au soufflé de monter. Enfournez pour 10 min. Baissez le thermostat à 180° (th 6) et poursuivez la cuisson 15 min. Servez après avoir saupoudré de sucre glace.

ACCORD VIN : un pineau-des-charentes blanc (cognac).

Cappuccino glacé aux amandes

PRÉPARATION : 25 MIN – CUISSON : 10 MIN

POUR 4 PERSONNES

40 cl de glace au café • 80 g d'amandes mondées non salées • 100 g de mascarpone • 30 cl de café fort froid • 3 cuil. à soupe de sucre • 20 cl de crème liquide très froide • 1 cuil. à soupe de cacao amer en poudre

Laissez le mascarpone à température ambiante pour qu'il s'assouplisse. Mettez le sucre et 1 cuillerée à café d'eau dans une petite casserole à fond épais. Posez-la sur feu moyen jusqu'à ce qu'un caramel blond se forme. Hors du feu, ajoutez les amandes, mélangez avec une cuillère en bois et versez sur une feuille d'aluminium. Laissez refroidir.

Montez la crème bien froide en chantilly ferme et réservez-la au frais. Concassez grossièrement les amandes au caramel. Répartissez la glace dans 4 verres.

Versez le café froid dessus, parsemez d'amandes au caramel (sauf un peu pour le décor) puis répartissez 1 cuillerée de mascarpone en l'étalant. Surmontez de chantilly (de préférence à la poche à douille). Poudrez de cacao, décorez du reste d'amandes et servez.

ACCORD VIN : un scotch whisky single malt.

Soufflé glacé choco-châtaigne

PRÉPARATION : 50 MIN – CUISSON : 10 MIN – RÉFRIGÉRATION : 20 MIN + 5 H

POUR 6 PERSONNES

40 cl de lait entier • 1 gousse de vanille • 6 jaunes d'œufs • 70 g de sucre semoule • 250 g de chocolat noir • 250 g de crème de marrons • 2 sachets de sucre vanillé • 50 cl de crème fraîche liquide • 6 marrons glacés

Hachez le chocolat. Mettez-le dans une jatte. Dans une casserole, portez à ébullition le lait avec la gousse de vanille fendue en deux et grattée. Fouettez les jaunes d'œufs avec le sucre semoule dans une jatte. Versez le lait petit à petit sur les œufs, tout en les fouettant. Reversez dans la casserole. Portez sur feu doux, sans laisser bouillir et sans cesser de remuer, jusqu'à ce que cette crème épaississe.

Versez-la petit à petit sur le chocolat haché, mélangez. Incorporez la crème de marrons. Laissez refroidir au frais. Entourez 6 petits ramequins (6 ou 7 cm de diamètre) de papier sulfurisé en lui faisant dépasser le bord supérieur de 3 cm. Placez la moitié de la crème pour 20 min au congélateur.

Fouettez-la en chantilly et ajoutez un sachet de sucre vanillé. Mélangez-la à la préparation précédente et répartissez le tout dans les ramequins. Placez au congélateur pour 5 ou 6 h. Juste avant le dîner, fouettez le reste de crème bien froide en chantilly, ajoutez le sucre vanillé restant. Au moment de servir, ôtez le papier des ramequins, puis décorez la surface des soufflés de chantilly et d'un marron.

ACCORD : un cognac XO.

Décontracté

Crottins rôtis au miel de thym et poivre de Sichuan

PRÉPARATION : 20 MIN – MARINADE : 6 H – CUISSON : 10 MIN

POUR 4 PERSONNES

4 crottins de chavignol mi-sec • 20 tomates cerise • 2 cuil. à soupe de miel de thym liquide • 4 brins de thym • 20 cl d'huile d'olive • 50 g de beurre • 4 grandes tranches de pain de campagne • poivre de Sichuan • fleur de sel

Plusieurs heures à l'avance, lavez et essuyez les tomates cerise. Mettez-les dans un récipient et recouvrez-les d'huile d'olive. Laissez mariner au frais et à couvert au moins 6 h.

Le moment venu, préchauffez le four à 180° (th 6). Taillez dans la mie du pain 12 disques à l'aide d'un emporte-pièce (5 cm de diamètre). Beurrez ces disques et rangez-les dans un plat à four.

Coupez les crottins en 3 tranches à l'horizontale et posez-les sur les disques de pain puis enfournez pour 10 min.

Pendant ce temps, égouttez les tomates (réservez leur huile). Dès la sortie du four, émiettez le thym sur les fromages, nappez de quelques traits de miel et d'huile de la marinade. Donnez 2 tours de moulin à poivre de Sichuan. Répartissez les tartines et les tomates dans 4 assiettes. Parsemez de fleur de sel et servez chaud.

ACCORD VIN : un saint-joseph blanc (vallée du Rhône).

NOTRE CONSEIL : à défaut de miel de thym, effeuillez des brins de thym dans un miel neutre et faites-le tiédir.

Terrine de foie gras aux épices

PRÉPARATION : 25 MIN – CUISSON : 5 MIN – RÉFRIGÉRATION : 24 H

POUR 8 PERSONNES

2 foies gras de canard crus d'environ 500 g chacun • 2 pincées de cannelle en poudre • 2 pincées de muscade râpée • 2 pincées de gingembre en poudre • 1 clou de girofle pilé • 1 cuil. à café de baies roses pilées • 1 cuil. à café de poivre moulu gros • 2 cuil. à café de sel

Mélangez les épices, le sel et le poivre. Dénervez les foies crus, détaillez-les en tranches de 1,5 cm d'épaisseur. Enduisez-les d'épices sur les 2 faces. Faites-les dorer à sec 1 min de chaque côté dans une poêle antiadhésive à feu moyen. Filtrez le gras rendu par la cuisson, réservez-le.

Posez les tranches poêlées dans une terrine en les superposant, versez la graisse de cuisson réservée, recouvrez d'une planchette surmontée d'un poids et laissez au moins 24 h au réfrigérateur avant de servir.

ACCORD VIN : un gewurztraminer Vendanges Tardives.

Lassi au foie gras

PRÉPARATION : 10 MIN – REPOS : 1 H

POUR 8 PERSONNES

120 g de foie gras cuit au naturel • 1 yaourt velouté • 10 cl de lait ½ écrémé • 1 cuil. à soupe d'eau de rose • piment d'Espelette • sel

Dans le bol d'un mixeur, mettez le foie gras coupé en gros dés, le yaourt velouté, le lait ½ écrémé et l'eau de rose. Salez, relevez de piment d'Espelette. Mixez et mettez 1 h au frais.

Au moment de servir, vérifiez l'assaisonnement. Versez le lassi dans 8 petits verres hauts, décorez d'un pétale de rose et servez très frais avec une paille.

ACCORD VIN : un gewurztraminer d'Alsace.

Pizza au chutney de figues et au foie gras

PRÉPARATION : 20 MIN – CUISSON : 20 MIN

POUR 6 PERSONNES

350 g de pâte à pain (maison, ou à commander chez le boulanger) • 250 g de mozzarella • 30 g de farine • ½ pot de confiture de figues • 200 g de foie gras de canard cru • 3 poires • 4 cuil. à soupe de vinaigre balsamique • sel • poivre

Sur le plan de travail fariné, étalez la pâte sur une épaisseur de ½ cm, en l'étirant avec les mains. Posez-la sur la plaque du four tapissée de papier sulfurisé. Préchauffez le four à 210° (th 7).

Pelez les poires, coupez-les en très fines lamelles en éliminant le cœur et les pépins. Détaillez la mozzarella en fines tranches. Dans une casserole, faites réchauffer la confiture et le vinaigre, en remuant. Étalez ce mélange sur la pâte à pain, recouvrez de poires, puis de mozzarella. Salez, poivrez, enfournez pour 20 min environ, jusqu'à ce que la pâte soit dorée.

Pendant ce temps, coupez le foie gras en petits cubes. Saisissez-les rapidement à feu vif dans une poêle antiadhésive. Salez, poivrez. Déposez-les sur la pizza au moment de servir, très chaud.

ACCORD VIN : un jurançon doux (Sud-Ouest).

Petits gratins de crabe

PRÉPARATION : 10 MIN – CUISSON : 20 MIN

POUR 8 PERSONNES

480 g de chair de crabe (surgelée ou sous vide) • 40 cl de crème épaisse • 4 échalotes • 4 cuil. à soupe de cognac • 10 cl de vin blanc sec • 80 g de parmesan fraîchement râpé • 2 cuil. à soupe de sauce worcestershire • 2 cuil. à soupe de ketchup • quelques gouttes de Tabasco • 10 g de beurre • sel

Préchauffez le four à 180° (th 6). Égouttez soigneusement le crabe, émiettez-le. Pelez et hachez finement les échalotes.

Faites fondre le beurre dans une petite casserole, ajoutez les échalotes et le vin blanc et laissez réduire jusqu'à ce qu'il n'y ait plus de liquide (environ 10 min).

Dans un saladier, mélangez le crabe, la réduction d'échalotes, la crème, la sauce worcestershire, le ketchup, le cognac. Relevez de Tabasco et salez, battez le tout au fouet à main pour obtenir un ensemble homogène.

Répartissez le contenu du saladier dans des ramequins individuels allant au four. Saupoudrez de parmesan puis enfournez pour 10 min. Servez dès la sortie du four.

ACCORD : un cognac vsop.

Lasagnes aux cèpes, sauce foie gras

PRÉPARATION : 40 MIN – CUISSON : 35 MIN

POUR 6 PERSONNES

1 paquet de lasagnes • 400 g de jambon de Paris • 250 g de céleri-rave • 1 kg de champignons de Paris • 300 g de cèpes surgelés émincés • 200 g de mousse de foie gras • 30 g de beurre • 50 cl de crème liquide • 80 g de parmesan râpé • 1 bouquet de persil plat • sel • poivre

Émincez le jambon. Nettoyez et hachez les champignons de Paris. Effeuillez et ciselez le persil. Épluchez le céleri et coupez-le en bâtonnets. Faites-les blanchir 10 min dans de l'eau bouillante salée. Égouttez-les.

Faites pocher les feuilles de lasagnes 3 min dans de l'eau bouillante salée, égouttez-les et posez-les sur un torchon étalé. Préchauffez le four à 210° (th 7). Dans un saladier, mixez la crème et la mousse de foie gras coupée en morceaux à l'aide d'un mixeur-plongeant. Salez et poivrez cette sauce.

Faites sauter tous les champignons au beurre dans une poêle à feu vif en remuant, jusqu'à ce qu'il n'y ait plus d'eau. Salez, poivrez, ajoutez le persil. Dans un saladier, mélangez les champignons, le jambon et le céleri.

Tapissez un plat à four de lasagnes, couvrez de farce au jambon, nappez d'un peu de sauce et recommencez jusqu'à épuisement des ingrédients. Terminez par des lasagnes. Poudrez de parmesan et enfournez pour 20 min. Servez très chaud.

ACCORD VIN : un pommard (vin rouge de Bourgogne).

Gratin chic de coquillettes au jambon

PRÉPARATION : 10 MIN – CUISSON : 30 MIN

POUR 6 PERSONNES

300 g de coquillettes • 400 g de jambon blanc en tranches épaisses • 25 cl de crème épaisse • 150 g de gruyère râpé • 50 g de beurre • 15 g de truffe en bocal (en morceaux) • sel • poivre du moulin

Préchauffez le four à 180° (th 6) et beurrez un plat à gratin. Faites cuire les coquillettes à l'eau bouillante salée 7 à 9 min (selon les indications du paquet). Coupez le jambon en petits dés.

Égouttez les coquillettes, remettez-les dans la casserole, ajoutez la crème fraîche, les dés de jambon et la truffe émincée. Poivrez et salez légèrement.

Mélangez délicatement et reversez l'ensemble dans le plat à gratin, poudrez de fromage râpé, parsemez de noisettes de beurre et enfournez pour 20 min. Vous pouvez placer le four en position gril, 5 min avant la fin, si vous aimez le dessus du gratin très grillé. Servez aussitôt.

ACCORD VIN : un savigny-lès-beaune rouge (Bourgogne).

Rôti de magrets à la mangue

PRÉPARATION : 30 MIN – CUISSON : 30 MIN

POUR 4 PERSONNES

2 gros magrets • 1 mangue • 1 branche de romarin • 10 cl de banyuls (vin doux naturel) • sel • 1 cuil. à café de poivre de Sichuan concassé

Préchauffez le four à 210° (th 7). Incisez la peau des magrets en croisillons avec un couteau pointu. Épluchez la mangue, coupez-la en deux pour retirer le noyau, puis détaillez-la en lamelles épaisses.

Dans une poêle à fond épais, faites dorer les magrets côté peau 5 min à feu vif. Parsemez les magrets côté chair de sel et de poivre.

Disposez les morceaux de mangue sur un magret côté chair ainsi que quelques brindilles de romarin, puis recouvrez avec l'autre magret, ficelez-les comme un rôti.

Posez le rôti dans une cocotte et enfournez pour 15 à 20 min sans couvrir. Passé ce temps, retirez le rôti de la cocotte, posez-le dans un plat de service préchauffé et recouvrez-le d'une double feuille de papier aluminium.

Versez le banuyls dans la cocotte. Grattez les sucs de cuisson à la spatule sur feu assez vif et laissez réduire le jus. Arrosez le rôti de magrets avec cette sauce et servez aussitôt, accompagné de riz basmati.

ACCORD VIN : un collioure rouge (vin du Roussillon).

Hamburgers de magret aux figues

PRÉPARATION : 10 MIN – CUISSON : 15 MIN

POUR 4 PERSONNES

4 figues fraîches • 4 pains pour hamburger • 1 magret de canard (200 g) • 4 cuil. à soupe de chutney de figues • 4 feuilles de salade • sel • poivre

Lavez la salade, coupez les figues en lamelles. à l'aide d'un bon couteau, faites de fines entailles dans le gras du magret.

Mettez-le à cuire dans une poêle côté gras, environ 6 min, jusqu'à ce qu'il soit doré. Retournez le magret, faites-le cuire 6 min côté chair puis retournez-le encore et poursuivez la cuisson 4 min. Laissez-le reposer enveloppé sous une feuille d'aluminium.

Pour confectionner les hamburgers, faites chauffer les pains au grille-pain ou au four. Coupez le magret en très fines tranches. Tartinez les pains du bas d'une cuillerée de chutney, répartissez dessus la salade, les tranches de magret, les lamelles de figues, salez, poivrez et coiffez avec les pains du haut. Servez aussitôt.

ACCORD VIN : un bergerac rouge (vin du Sud-Ouest).

Hamburgers au homard

PRÉPARATION : 10 MIN (LA VEILLE) + 45 MIN – CUISSON : 1 H 30 (LA VEILLE)

POUR 6 PERSONNES

6 petits pains à hamburger aux graines de sésame • 6 petits homards cuits décongelés (300 g chacun) • 3 avocats mûrs, mais fermes • 3 tomates roma • 4 petits oignons blancs doux • 1 citron • 5 brins de basilic • 3 brins de coriandre

POUR LA MARINADE : quelques gouttes de Tabasco vert • fleur de thym • huile d'olive • sucre en poudre • sel • poivre blanc du moulin • quelques feuilles de basilic

POUR LA SAUCE : parties crémeuses, corail, éventuellement petits œufs des homards • 5 cl d'huile d'olive • ½ citron • ½ cuil. à café de hot ketchup • sel • poivre

La veille, coupez les tomates en deux dans la longueur, déposez-les sur la plaque du four huilée, côté peau en dessous. Assaisonnez-les de sel, sucre, poivre du moulin et de fleur de thym, arrosez-les d'un filet d'huile d'olive, mettez-les à confire à four doux à 120° (th. 4), pendant 1 h 30 environ en surveillant la cuisson. Réservez.

Le jour même, décortiquez les homards, récupérez les parties crémeuses et le corail se trouvant à l'intérieur des carapaces, coupez les queues en deux dans l'épaisseur, mettez-les à mariner avec les pinces dans l'huile d'olive, le Tabasco et quelques feuilles de basilic haché. Épluchez les oignons blancs et détaillez-les en fines rondelles.

Passez les parties crémeuses et le corail à travers une fine passoire en les écrasant bien. Versez cette crème dans un grand bol, ajoutez quelques gouttes de citron et le hot ketchup, incorporez de l'huile d'olive petit à petit, ajoutez les petits œufs rouges (éventuellement) des homards, rectifiez l'assaisonnement, réservez au frais.

Épluchez les avocats, coupez-les en rondelles, citronnez-les pour éviter qu'ils noircissent, assaisonnez-les de quelques gouttes de Tabasco.

Coupez les petits pains en deux et passez-les quelques instants au four chaud (210° soit th 7) pour les rendre croustillants.Déposez sur la base de chaque pain rondelles d'oignons, ½ tomate confite, recouvrez de rondelles d'avocat, de basilic et de coriandre effeuillés, et des queues de homard marinées. Recouvrez avec l'autre moitié des petits pains, puis disposez une pince décortiquée sur le dessus et décorez d'une feuille de coriandre. Servez la sauce à part.

ACCORD VIN : un saint-joseph blanc (Rhône).

Tourte de dinde forestière au foie gras

PRÉPARATION : 35 MIN – RÉFRIGÉRATION : 1 H – CUISSON : 45 MIN

POUR 6 PERSONNES

1 rouleau de pâte brisée • 1 rouleau de pâte feuilletée • 400 g d'escalopes de dinde • 150 g de bloc de foie gras • 400 g de petits champignons de Paris • 2 échalotes • 1 oignon • 2 cuil. à soupe de cognac • 1 jaune d'œuf • 1 bouquet de persil plat • 40 g de beurre • sel • poivre

Nettoyez les champignons, coupez-les en quatre. Faites chauffer la moitié du beurre dans une poêle, faites-y dorer les champignons à feu vif. Quand ils ont rendu leur eau et qu'ils sont bien dorés, salez, poivrez et réservez-les dans une jatte.

Ciselez le persil. Coupez les escalopes de dinde en lanières. Pelez et hachez les échalotes et l'oignon. Dans une sauteuse, saisissez à feu vif la dinde avec le reste de beurre. Baissez le feu, ajoutez l'oignon et les échalotes et laissez-les fondre à feu doux.

Versez le cognac chauffé et faites flamber. Ajoutez aux champignons avec le persil, sel et poivre, mélangez. Laissez refroidir et placez au frais 1 h (une étape essentielle pour que la tourte gonfle à la cuisson).

Passé ce temps, préchauffez le four 180° (th 6). Disposez la pâte brisée (avec son papier de cuisson) dans un moule à tarte à bords hauts (ou un moule à manqué). Versez-y le contenu de la jatte.

Coupez le foie gras en fines tranches. Disposez-les dans le moule, puis posez dessus la pâte feuilletée, rentrez les bords et scellez les 2 pâtes en les pinçant entre deux doigts. Badigeonnez la tourte de jaune d'œuf (avec un pinceau). Enfournez pour 30 min. Servez la tourte très chaude, bien dorée.

ACCORD VIN : un fronton rouge (Sud-Ouest).

Tagliatelles au foie gras

PRÉPARATION : 15 MIN – CUISSON : 15 MIN

POUR 6 PERSONNES

500 g de tagliatelles • 200 g de bloc de foie gras • 150 g de foie gras mi-cuit • 25 cl de crème liquide • 1 truffe (facultatif) • noix muscade râpée • sel • poivre

Mettez à bouillir une grande quantité d'eau dans un faitout. Salez et plongez-y les tagliatelles pour 10 min de cuisson.

Pendant ce temps, faites chauffer sur feu doux la crème dans une petite casserole. Ajoutez-y le bloc de foie gras coupé en dés. Mélangez, assaisonnez de sel, poivre et noix muscade. Mixez et réservez au chaud.

Détaillez le foie gras mi-cuit en dés et émincez la truffe. Égouttez les pâtes, mettez-les dans un plat de service, arrosez aussitôt de crème au foie gras, mélangez. Parsemez de dés de foie gras et de truffe et servez.

ACCORD VIN : un côtes-du-jura blanc.

Piccatas de veau au foie gras

PRÉPARATION : 40 MIN – CUISSON : 10 MIN

POUR 4 PERSONNES

4 fines escalopes de veau • 90 g de jambon de Parme en très fines tranches • 60 g de bloc de foie gras • 1 morceau de parmesan de 60 g • 150 g de chapelure • 2 œufs • 50 g de farine • 15 cl de vinaigre de framboise • 1 échalote • 60 g de beurre • sel • poivre

Étalez les escalopes à plat entre 2 feuilles de film étirable et aplatissez-les au rouleau à pâtisserie. Ôtez le film et coupez-les en deux dans la largeur. Détaillez le parmesan en copeaux (à l'économe) et le foie gras en lamelles. Sur un plan de travail, posez une demi-escalope. Recouvrez-la de jambon, de foie gras et de parmesan. Roulez le tout en gros cigare. Faites de même avec les 7 autres.

Versez la farine dans une grande assiette et la chapelure dans une autre. Battez les œufs dans une assiette creuse, salez et poivrez. Passez les escalopes fourrées dans la farine, en tapotant pour retirer l'excédent. Passez-les ensuite dans les œufs puis dans la chapelure. Maintenez-les avec de petites piques.

Faites chauffer la moitié du beurre dans une grande poêle et mettez les piccatas à dorer à feu moyen, 5 min en les faisant rouler. Retirez-les et tenez-les au chaud.

À leur place, mettez l'échalote émincée avec le reste de beurre. Laissez fondre doucement puis augmentez le feu et versez le vinaigre. Laissez évaporer 1 min en remuant. Filtrez cette sauce et servez-la avec les escalopes. Accompagnez de gnocchis.

ACCORD VIN : un vouvray sec (blanc de Loire).

Tourte au poulet, fèves et citron confit

PRÉPARATION : 30 MIN – CUISSON : 1 H 15

POUR 6 PERSONNES

600 g de pâte brisée ou 2 rouleaux prêts à l'emploi • 250 g de fèves écossées • 6 filets de poulet • 1 citron confit • 125 g d'olives vertes dénoyautées • 2 brins de thym • 1 brin de romarin • 1 bouquet de coriandre • 2 gousses d'ail • 2 pincées de cumin • 2 cuil. à soupe d'huile d'olive • 20 g de farine (pour le plan de travail) • 10 g de beurre (pour le moule) • sel • poivre

Pelez et hachez l'ail, ciselez la coriandre. Faites cuire les fèves 2 min à l'eau bouillante salée, égouttez. Coupez les filets de poulet en dés. Faites-les dorer dans une cocotte avec l'huile, ajoutez l'ail, les olives, la coriandre, le thym et le romarin émiettés, le citron confit coupé en dés, les fèves, le cumin, du sel et du poivre. Versez 15 cl d'eau, mélangez et laissez mijoter 15 min à découvert.

Laissez refroidir. Préchauffez le four à 180° (th 6). Beurrez un moule à bords hauts. Sur le plan de travail fariné, étalez la pâte en deux disques, piquez-en un de coups de fourchette, posez le côté piqué contre le fond d'un moule, versez-y la préparation refroidie. Posez dessus l'autre disque de pâte, soudez les bords des 2 pâtes avec les doigts mouillés, pratiquez une ouverture au centre et enfournez pour 40 min environ. Servez aussitôt.

ACCORD VIN : un saint- joseph rouge (vallée du Rhône).

NOTRE CONSEIL : ajoutez du thym et du romarin ou du lard ciselés dans la pâte.

Risotto crémeux aux truffes

PRÉPARATION : 5 MIN – CUISSON : 25 MIN

POUR 6 PERSONNES

500 g de riz arborio • 100 g de truffes • 1 oignon émincé • 2 cuil. à soupe d'huile d'olive • 3 tablettes de bouillon de volaille • 25 cl de crème liquide • 50 g de parmesan fraîchement râpé • sel • poivre blanc du moulin

Préparez du bouillon en délayant les tablettes dans 1,5 litre d'eau bouillante. Dans une grande sauteuse, faites revenir l'oignon émincé dans l'huile chaude à feu doux. Dès qu'il commence à dorer, versez le riz en remuant jusqu'à ce qu'il soit translucide.

Mouillez alors d'une louche de bouillon, mélangez jusqu'à ce que le liquide soit absorbé puis recommencez l'opération, sans arrêter de remuer jusqu'à ce que le riz soit cuit, environ 20 min.

Cinq minutes avant la fin de la cuisson, versez la crème petit à petit toujours en remuant. Au dernier moment, ajoutez du sel, du poivre et le parmesan râpé. Brossez les truffes, râpez-les finement, mélangez-les délicatement au riz et servez aussitôt.

ACCORD VIN : un condrieu (blanc de la vallée du Rhône).

Poires cuites au pain d'épice

PRÉPARATION : 15 MIN – CUISSON : 20 MIN

POUR 4 PERSONNES

4 belles poires mûres • 75 cl de cidre brut • 4 tranches de pain d'épice

Pelez les poires. Enlevez le centre par le dessous à l'aide d'un vide-pomme ou d'un économiseur. Mettez les poires allongées dans une casserole. Ajoutez 60 cl de cidre brut, couvrez, chauffez à feu vif, faites bouillir 5 min.

Retournez les poires, faites bouillir encore une quinzaine de minutes mais sans couvrir pour qu'il reste 10 cl de jus. Prolongez la cuisson si nécessaire. Retirez du feu, posez les poires dans une jolie coupe.

Ajoutez dans le jus 15 cl de cidre et le pain d'épice morcelé, fouettez à feu moyen-doux jusqu'à obtenir une crème lisse, versez-la sur les fruits.

ACCORD : un poiré.

Tartelettes british au citron

PRÉPARATION : 30 MIN – CUISSON : 15 MIN – RÉFRIGÉRATION : 1 H

POUR 6 PERSONNES

1 paquet de galettes shortbread (ou, à défaut, de galettes bretonnes) • 2 citrons bio • 2 œufs • 2 feuilles de gélatine (4 g) • 50 g de beurre mou • 200 g de sucre

Lavez et essuyez 1 citron, coupez-le en tranches fines après avoir ôté les extrémités. Dans une casserole, versez 20 cl d'eau, ajoutez 150 g de sucre et portez à ébullition. Mettez les tranches de citron dans le sirop, laissez frémir environ 10 min pour qu'elles soient confites.

Pressez l'autre citron. Faites ramollir la gélatine dans un bol d'eau froide.
Dans une casserole, versez le reste de sucre, le jus de citron et les œufs. Fouettez pour obtenir un mélange homogène, puis portez doucement à ébullition et laissez frémir 3 min, sans jamais cesser de fouetter.

Hors du feu, incorporez la gélatine essorée entre vos mains. Mixez l'ensemble et laissez tiédir avant d'incorporer le beurre en parcelles. Mélangez bien et réservez au frais au moins 1 h. Dressez la crème au citron sur les sablés (à la poche à douille, c'est encore plus joli), décorez d'une demi-rondelle de citron confit et servez sans attendre.

ACCORD VIN : un cadillac (vin liquoreux du Bordelais).

Crème brûlée au Carambar

PRÉPARATION : 20 MIN – CUISSON : 25 MIN

POUR 6 PERSONNES

18 Carambar • 6 jaunes d'œufs • 60 g de sucre • 50 cl de crème liquide • 6 cuil. à soupe de sucre roux

Préchauffez le four à 110° (th 4). Dans une casserole, faites chauffer doucement la crème liquide avec les Carambar en mélangeant jusqu'à ce qu'ils fondent. Dans une jatte, battez au fouet à main les jaunes d'œufs avec le sucre jusqu'à ce que le mélange blanchisse. Versez la crème au Carambar sur les œufs en remuant.

Répartissez la préparation dans 6 petits plats à crème brûlée (ou plats à œufs). Enfournez pour 25 min. La cuisson terminée, laissez refroidir puis mettez au réfrigérateur jusqu'au moment de servir.

Au dernier moment, poudrez les plats de sucre roux et caramélisez à l'aide d'un chalumeau de cuisine ou, à défaut, sous le gril du four. Servez aussitôt.

ACCORD VIN : un rasteau (vin doux naturel du Rhône).

Gratin aux amandes et aux deux figues

PRÉPARATION : 15 MIN – CUISSON : 30 MIN

POUR 4 PERSONNES

250 g de figues fraîches • 100 g de figues sèches • 100 g de poudre d'amandes • 15 cl de crème liquide • 1 œuf • 60 g de sucre roux • 1 sachet de thé • 50 g d'amandes effilées • 2 cuil. à soupe de rhum • 20 g de beurre

Coupez les figues sèches en deux dans l'épaisseur et réservez-les dans un bol. Préparez du thé avec le sachet et 30 cl d'eau bouillante. Laissez infuser le thé 5 min, puis versez-le sur les figues sèches avec le rhum, laissez gonfler.

Préchauffez le four à 210° (th 7). Faites un peu griller à sec la poudre d'amandes dans une poêle antiadhésive, réservez-la sur un papier absorbant. Dans la même poêle, faites légèrement torréfier les amandes effilées jusqu'à ce qu'elles soient bien dorées.

Beurrez un plat à gratin ou 4 petits plats individuels. Essuyez les figues fraîches, coupez-les en quatre. Disposez-les dans le plat à gratin en les alternant avec les figues sèches égouttées.

Dans un saladier, mélangez la crème liquide avec la poudre d'amandes refroidie, le sucre et l'œuf battu. Répartissez cette préparation sur les figues, et enfournez pour 30 min. Servez tiède ou froid, après avoir parsemé la surface du gratin avec les amandes effilées dorées.

ACCORD VIN : un rivesaltes tuilé (vin doux naturel du Roussillon).

Soufflé glacé au chocolat

PRÉPARATION : 30 MIN – CUISSON : 10 MIN – RÉFRIGÉRATION : 4 À 5 H

POUR 6 PERSONNES

125 g de chocolat noir à plus de 55 % de cacao • 1 cuil. à café d'extrait de café • 2 œufs • 20 cl de crème liquide entière très froide • 4 cuil. à soupe bombées de sucre glace

Séparez les blancs d'œufs des jaunes. Cassez les carrés de chocolat, mettez-les dans une jatte avec 5 cl d'eau et l'extrait de café. Faites fondre au bain-marie. Une fois le chocolat fondu, sortez la jatte du bain-marie, incorporez les jaunes d'œufs et laissez refroidir à température ambiante.

À l'aide d'un batteur électrique, montez les blancs en neige bien ferme. Montez également la crème très froide en chantilly en ajoutant le sucre à la fin. Mélangez délicatement la chantilly au chocolat fondu puis ajoutez les blancs en neige et mélangez toujours aussi délicatement.

Entourez 6 ramequins d'une bande de papier sulfurisé qui doit faire 2 fois la hauteur du moule. Maintenez-le avec de la ficelle. Versez la préparation au chocolat dans les ramequins et placez au congélateur 4 à 5 h. Sortez les soufflés glacés 10 min avant de servir, après avoir retiré la ficelle et le papier.

Tiramisu aux fruits rouges

PRÉPARATION : 30 MIN – CUISSON : 3 MIN – RÉFRIGÉRATION : 4 H AU MOINS

POUR 6 PERSONNES

500 g de fruits rouges (framboises, groseilles, fraises) • 150 g de biscuits roses de Reims • 130 g de sucre • 3 œufs extra-frais • 250 g de mascarpone • 1 gousse de vanille • 2 cuil. à soupe de rhum blanc

Sortez le mascarpone à l'avance du réfrigérateur pour qu'il soit souple. Réservez quelques fruits pour le décor, mettez les autres dans une casserole avec 50 g de sucre et 10 cl d'eau. Portez à ébullition en remuant, laissez frémir 3 min puis retirez du feu et laissez refroidir. Cassez les œufs en séparant les blancs des jaunes. Fendez la gousse de vanille dans la longueur et grattez ses graines dans le saladier contenant les jaunes.

Fouettez le mélange au fouet électrique avec le reste de sucre jusqu'à ce qu'il blanchisse, puis ajoutez le mascarpone et le rhum en fouettant. Battez les blancs d'œufs en neige ferme. Incorporez-les délicatement au mélange jaunes-mascarpone en soulevant la masse à la spatule.

Égouttez les fruits cuits en gardant leur jus de cuisson. Trempez des biscuits coupés en deux dans le jus des fruits puis mettez-les dans 6 verres, ajoutez un peu de crème au mascarpone, de fruits, un morceau de biscuit trempé, jusqu'à épuisement des ingrédients, en terminant par de la crème. Déposez dessus les fruits réservés ou un morceau de biscuit. Couvrez de film étirable et mettez-les au moins 4 h au frais.

ACCORD VIN : un cerdon du bugey rosé (vin de Savoie).

Dernière minute

Rouleaux de saumon fumé

PRÉPARATION : 15 MIN

POUR 4 PERSONNES

8 fines tranches de saumon fumé • 1 barquette de fromage frais (type St Môret) • 1 cuil. à soupe de tapenade noire • 1 citron non traité • 50 g de roquette prête à l'emploi • poivre

Brossez le citron sous l'eau et essuyez-le. Râpez finement la moitié de son zeste. Mettez-le dans un saladier avec le fromage et la tapenade. Poivrez, travaillez à la fourchette pour obtenir une préparation homogène.

Posez une tranche de saumon sur le plan de travail. Mettez au centre un huitième de la préparation et quelques feuilles de roquette en les laissant dépasser. Roulez la tranche de saumon pour former un gros cigare, sans serrer.

Recommencez jusqu'à épuisement des ingrédients. Disposez-les dans un plat, couvrez de film alimentaire et mettez au frais jusqu'au moment de servir.

ACCORD : une vodka.

NOTRE CONSEIL : vous pouvez aussi maintenir les rouleaux avec des brins de ciboulette. Blanchissez-les avant quelques secondes dans de l'eau bouillante pour les attendrir et les nouer sans les briser.

Salade aux figues, magret et cantal

PRÉPARATION : 10 MIN

POUR 4 PERSONNES

4 figues fraîches • 4 cœurs de sucrine • 100 g de magret de canard séché • 50 g de cantal jeune • 1 cuil. à café de moutarde forte • 4 cuil. à soupe d'huile d'olive • 1 cuil. à soupe de vinaigre de vin • 2 cuil. à soupe de sauce soja • sel • poivre du moulin

Lavez et essorez les feuilles de sucrine. Coupez les figues en quatre, détaillez le cantal en fines lamelles, réservez le tout dans un saladier.

Préparez la vinaigrette : mélangez dans un bol la moutarde, l'huile, le vinaigre, la sauce soja, du sel, du poivre.

Ajoutez dans le saladier les tranches de magret de canard. Versez la vinaigrette, mélangez délicatement et servez.

ACCORD VIN : un saint-pourçain blanc (vallée de la Loire).

Petits flans au jambon fumé et aux figues

PRÉPARATION : 10 MIN – CUISSON : 25 MIN

POUR 4 PERSONNES

4 œufs • 20 cl de crème liquide • 100 g de jambon blanc fumé • 8 figues sèches moelleuses • 20 g de beurre • sel • poivre

Préchauffez le four à 180° (th 6). Beurrez 4 ramequins. Coupez les figues en dés. Hachez le jambon au couteau. Dans un saladier, fouettez les œufs avec la crème, ajoutez le jambon fumé et les figues. Salez, poivrez puis répartissez cette préparation dans les ramequins.

Enfournez les ramequins pour 25 min environ, les flans doivent être pris, mais pas trop fermes.

Servez immédiatement.

ACCORD VIN : un saint-chinian rouge (vin du Languedoc).

Röstis au saumon fumé

PRÉPARATION : 20 MIN – CUISSON : 20 MIN

POUR 4 PERSONNES

4 tranches de saumon fumé • 800 g de pommes de terre type bintje • 120 g de fromage frais type St Môret • 1 cuil. à soupe de persil plat ciselé • 1 cuil. à soupe de ciboulette ciselée • 1 cuil. à soupe de jus de citron • 2 cuil. à soupe d'huile

Épluchez, lavez, essuyez et râpez les pommes de terre. Pressez-les dans vos mains pour éliminer l'eau. Divisez la préparation en quatre et formez des petits disques sur du papier sulfurisé.

Faites chauffer 2 cuillerées à soupe d'huile dans une grande poêle et disposez les röstis de pommes de terre en les écrasant bien avec le dos d'une spatule. Quand les bords sont bien dorés, retournez-les, faites-les cuire sur l'autre face et égouttez-les avec du papier absorbant.

Mélangez le fromage frais, le persil plat ciselé, la ciboulette ciselée, le jus de citron dans un bol. Tartinez-en les röstis. Répartissez-les dans des assiettes et disposez joliment des tranches de saumon fumé.

ACCORD VIN : un quincy (blanc de Loire).

Escalopes de foie gras au miel

PRÉPARATION : 20 MIN – CUISSON : 20 MIN

POUR 4 PERSONNES

1 foie gras de canard cru de 450 g environ • 500 g de cœur de chou vert frisé • 250 g de grains de raisin blanc • 2 cuil. à soupe de miel • 10 cl de Noilly Prat (ou porto blanc) • 1 pincée de quatre-épices • fleur de sel • poivre du moulin

Coupez le cœur de chou en quatre et faites cuire les quartiers 10 min dans de l'eau bouillante salée. Égouttez-les et réservez-les au chaud (à la vapeur, par exemple).

Détaillez le foie gras en tranches de 1,5 cm d'épaisseur, assaisonnez-les de sel, de poivre et de quatre-épices. Faites-les cuire 30 secondes de chaque côté dans une poêle antiadhésive très chaude, puis égouttez-les avec une écumoire, et posez-les sur des assiettes préchauffées.

Essuyez la poêle, versez-y le miel, laissez cuire 2 min, ajoutez le Noilly, faites réduire encore 2 min, ajoutez les raisins, faites cuire 2 min en remuant puis versez sur les escalopes de foie, garnissez avec les quartiers de chou et servez aussitôt.

ACCORD VIN : un pineau-des-charentes.

NOTRE CONSEIL : servez avec un chutney tiède. Pour cela, faites confire 30 min 250 g de figues sèches hachées avec 150 g de petits oignons, 30 g de sucre roux, 20 cl de vinaigre et du gingembre.

Poêlée de saint-jacques au sauternes

PRÉPARATION : 20 MIN – CUISSON : 15 MIN

POUR 4 PERSONNES

16 coquilles Saint-Jacques • 20 cl de sauternes (ou autre vin blanc moelleux) • 2 poireaux moyens • 170 g de beurre • 1 petit bouquet de persil plat • sel • poivre

Faites préparer les saint-jacques par le poissonnier. Rincez les noix, épongez-les sur du papier absorbant. Effeuillez le persil, épluchez et lavez les poireaux. Émincez-les en rondelles. Faites-les revenir dans 20 g de beurre dans une sauteuse. Dès qu'ils blondissent, mouillez avec le sauternes et ajoutez 10 cl d'eau. Faites chauffer sans ébullition et ajoutez 30 g de beurre. Émulsionnez au mixeur. Réservez au chaud.

Faites fondre 20 g de beurre dans une sauteuse assez grande pour contenir les saint-jacques à plat, sur une seule couche. Faites cuire les saint-jacques 2 min sur chaque face. Salez, poivrez. Ajoutez la sauce dans la sauteuse.

Imprimez un mouvement de va-et-vient à la sauteuse pendant 1 min puis répartissez les saint-jacques et poireaux dans les coquilles lavées ou dans 4 assiettes, nappez de sauce et parsemez de persil. Servez aussitôt.

ACCORD VIN : un jurançon (vin doux des Pyrénées).

Magrets sauce spéculoos

PRÉPARATION : 15 MIN – CUISSON : 20 MIN

POUR 6 PERSONNES

3 magrets de canard • 6 spéculoos (sablés à la cannelle) • 12 framboisines (framboises macérées et conservées dans une liqueur. Cavistes ou épiceries fines) • 6 cuil. à soupe de vinaigre de framboise • 3 cuil. a soupe de miel liquide • sel et poivre

Dans un bol, mélangez la moitié du vinaigre et le miel. Quadrillez au couteau la graisse des magrets et enduisez-les du mélange. Laissez-les mariner 5 min. Réduisez en poudre 3 spéculoos.

Posez les magrets côté gras dans une poêle chaude. Laissez-les griller 8 min et jetez la graisse. Retournez-les, baissez le feu, couvrez et faites mijoter 12 min. Hors du feu, laissez-les reposer sous une feuille d'aluminium.

Déglacez la poêle avec le reste de vinaigre, ajoutez la poudre de spéculoos et mélangez 2 min. Posez les magrets tranchés dans un plat chaud, salez, poivrez. Nappez de sauce, décorez du reste de spéculoos cassés en deux et des framboisines égouttées. Servez aussitôt.

ACCORD VIN : un santenay rouge (Bourgogne).

Bananes rôties aux amandes

PRÉPARATION : 15 MIN – CUISSON : 10 MIN

POUR 4 PERSONNES

4 bananes pas trop mûres • 4 crêpes dentelle (type Gavotte) • 1 citron vert bio • 40 g d'amandes effilées • 2 cuil. à soupe de rhum ambré • 40 cl de glace à la vanille ou au lait d'amandes

Préchauffez le four à 210° (th 7). Posez les bananes non pelées dans un plat et enfournez-les pour 10 min. Pendant ce temps, faites un peu dorer les amandes à sec dans une poêle puis laissez-les refroidir.

Lavez et essuyez le citron. Râpez finement son zeste. Pressez le fruit. Dans un bol, mélangez le rhum avec 2 cuillerées à soupe de jus de citron. Concassez grossièrement les crêpes dentelle avec les doigts.

Sortez les bananes du four, répartissez-les dans 4 assiettes de service. Fendez la peau dans la longueur et écartez-la un peu pour libérer le fruit. Répartissez sur les bananes le jus de citron au rhum, les zestes râpés et les crêpes concassées. Parsemez d'amandes. Ajoutez une boule de glace dans chaque assiette et servez.

ACCORD : un rhum ambré.

Vacherins minute poires caramel

PRÉPARATION : 10 MIN – CUISSON : 10 MIN

POUR 6 PERSONNES

18 mini-meringues (au rayon biscuits) • 1 boîte (format 4/4) de poires au sirop • ½ sachet de pralin en poudre (maison ou type Vahiné) • 150 g de sucre en poudre • 4 cuil. à soupe de crème liquide

Égouttez les poires, coupez-les en très fines lamelles puis répartissez-les dans des coupelles et réservez au frais.

Faites chauffer la crème liquide dans une petite casserole. Dans une autre à fond épais, faites un caramel avec le sucre sur feu moyen. Inclinez le manche de la casserole en tous sens pour bien répartir la chaleur. Dès qu'un caramel blond se forme, versez la crème chaude et remuez longuement à la spatule pour obtenir une sauce lisse et homogène.

Versez la sauce au caramel en filet sur les lamelles de poires, parsemez de pralin, décorez avec les meringues et servez sans attendre.

ACCORD VIN : un vouvray (blanc de la vallée de la Loire).

Figues rôties au beurre salé, coulis de framboise

PRÉPARATION : 15 MIN – CUISSON : 20 MIN

POUR 4 PERSONNES

8 figues fraîches • 200 g de framboises (fraîches ou décongelées) • 110 g de sucre en poudre • 80 g de beurre demi-sel

Préparez le coulis : dans une casserole, faites fondre 50 g de sucre dans 20 cl d'eau. Portez 3 min à ébullition et retirez du feu. Mettez ce sirop dans le bol d'un mixeur avec les framboises et faites fonctionner l'appareil pour obtenir un coulis. Filtrez-le à travers une passoire fine et réservez au frais.

Préchauffez le four à 180° (th 6). Lavez et essuyez les figues. Coupez les queues et incisez les fruits en croix. Disposez-les dans un plat à four, garnissez chaque fruit d'une noisette de beurre et saupoudrez de sucre. Enfournez pour 15 min.

Passé ce temps, versez un peu de coulis au centre de 4 assiettes à dessert et répartissez-y les figues rôties. Servez avec le reste de coulis dans une coupelle.

ACCORD VIN : un muscat-de-beaumes-de-venise (Rhône).

NOTRE CONSEIL : vous pouvez ajouter une boule de glace à la vanille, dont la saveur se marie à merveille avec les figues rôties.

Recevoir dehors

Gaspacho andalou

PRÉPARATION : 30 MIN – RÉFRIGÉRATION : 12 H

POUR 6 PERSONNES

1 kg de tomates bien mûres • 1 petit concombre • 1 poivron vert ou rouge • 1 oignon moyen • 1 gousse d'ail • 100 g de pain rassis • 6 cuil. à soupe d'huile d'olive • 2 cuil. à soupe de vinaigre de xérès • sel • poivre

POUR LA GARNITURE : ½ concombre • 1 oignon • ½ poivron vert • ½ poivron rouge • 200 g de croûtons

La veille, épluchez le concombre, l'oignon et l'ail. Lavez les tomates et le poivron puis coupez le tout en morceaux. Placez le pain dans un récipient hermétique et imbibez-le de vinaigre. Ajoutez tous les légumes et condiments coupés ainsi que la moitié de l'huile. Salez et mélangez bien. Fermez le récipient et placez-le au réfrigérateur 12 h afin de bien laisser macérer.

Passé ce temps, versez le contenu du récipient dans le bol d'un robot avec le reste de l'huile. Poivrez et mixez pour obtenir une soupe bien lisse. Ajoutez de l'eau en mixant jusqu'à obtenir la consistance souhaitée (plus ou moins liquide selon les goûts).

Placez le gaspacho au frais jusqu'au moment de servir. Avant de servir, préparez la garniture. Lavez les poivrons, pelez le concombre et l'oignon. Coupez le tout en petits dés, mettez-les dans des coupelles ainsi que les croûtons. Versez le gaspacho dans des verrines, parsemez de dés de légumes et servez frais.

ACCORD VIN : un cava (pétillant espagnol).

Taboulé de chou-fleur au concombre

PRÉPARATION : 20 MIN – RÉFRIGÉRATION : 1 H

POUR 6 PERSONNES

1 petit chou-fleur • 1 concombre • 3 tomates • 4 oignons nouveaux • 1 citron et demi • 1 bouquet de menthe • 1 bouquet de persil plat • 15 cl d'huile d'olive • sel • poivre

Supprimez le trognon du chou-fleur et détaillez-le en petits bouquets. Rincez et égouttez-les soigneusement. Passez-les au mixeur pour les réduire en « semoule ».

Ébouillantez 10 secondes les tomates, pelez et épépinez-les. Coupez la chair en petits dés.

Pelez le concombre en éliminant les extrémités. Coupez-le en deux dans la longueur. Retirez les graines à l'aide d'une petite cuillère et coupez la chair en petits dés.

Pelez les oignons et émincez-les finement. Rincez et séchez la menthe et le persil, effeuillez et ciselez-les. Pressez les citrons.

Dans un saladier, réunissez la « semoule » de chou-fleur, les tomates, les oignons, le concombre et les herbes ciselées. Arrosez de jus de citron, salez et poivrez. Mélangez délicatement et laissez mariner au moins 1 h au réfrigérateur. Au moment de servir le taboulé, versez l'huile d'olive dans le saladier et mélangez à nouveau.

ACCORD VIN : un coteaux-d'aix-en-provence rosé.

Soupe glacée de courgettes au fromage frais

PRÉPARATION : 20 MIN – CUISSON : 15 MIN

POUR 4 PERSONNES

300 g de courgettes • 1 concombre • 1 oignon • 100 g de fromage frais ail & fines herbes • poivre • sel

Lavez les courgettes, puis coupez-les en rondelles. Pelez l'oignon et coupez-le en quatre. Mettez les courgettes et l'oignon dans une casserole, salez et ajoutez de l'eau juste à hauteur. Laissez cuire 15 min à feu doux.

Pelez et épépinez le concombre. Coupez-le en cubes. Ajoutez-les dans la casserole avec le fromage frais, puis mixez le tout. Rectifiez l'assaisonnement en sel et poivre. Laissez refroidir avant de placer au réfrigérateur.

Servez cette soupe bien froide avec des petits accompagnements présentés dans des mini-contenants : dés de fromage, crème, croûtons maison, herbes ciselées...

ACCORD VIN : un vin de pays d'oc rosé.

NOTRE CONSEIL : pour confectionner de jolis croûtons maison, badigeonnez d'huile d'olive des toasts à l'aide d'un pinceau de cuisine. Passez les toasts quelques instants sous le gril du four, puis découpez-les à l'emporte-pièce.

Salade de roquette au chèvre et à la gremolata

PRÉPARATION ET CUISSON : 25 MIN

POUR 4 PERSONNES

125 g de roquette • 200 g de fromage de chèvre frais type Petit Billy ou Chavroux • ½ orange bio • ½ citron bio • 50 g de noisettes décortiquées • 1 bouquet de persil plat • 1 gousse d'ail • 4 cuil. à soupe d'huile d'olive • sel • poivre

Torréfiez les noisettes quelques minutes à sec dans une poêle, laissez-les refroidir sur du papier absorbant. Pendant ce temps, détaillez le fromage en cubes. Brossez l'orange et le citron sous l'eau. Séchez-les puis prélevez leur zeste. Pressez le ½ citron pour recueillir son jus.

Pelez l'ail. Lavez, séchez, effeuillez le persil. Sur une planche à découper, réunissez l'ail, le persil et les zestes, hachez-les finement avec un grand couteau.

Dans un saladier, mettez une pincée de sel, un peu de poivre, le jus de citron et l'huile. Ajoutez le hachis et la roquette, remuez longuement. Concassez grossièrement les noisettes, parsemez-en la salade, ajoutez les dés de fromage et servez aussitôt.

ACCORD VIN : un savennières (blanc de Loire).

Tartare de saumon au gingembre et au sésame

PRÉPARATION : 20 MIN

POUR 4 PERSONNES

500 g de pavé de saumon • 30 g de gingembre frais • 1 cuil. à café de graines de sésame • 2 cuil. à café de sauce soja • 1 cuil. à café de vinaigre de riz blanc (épiceries asiatiques) • ½ botte de coriandre • 1 pincée de sucre • 1 pointe de couteau de purée de piment • sel

Retirez la peau et les arêtes du pavé de saumon. Découpez le poisson en dés réguliers de 0,5 cm de côté. Pelez et râpez le gingembre, effeuillez et ciselez la coriandre.

Dans un saladier, mélangez les dés de poisson avec le gingembre, la sauce soja, le vinaigre et la coriandre ciselée. Assaisonnez de sel, de sucre et de piment. Mélangez tous ces éléments puis répartissez dans des verrines. Parsemez de sésame et servez frais.

ACCORD VIN : un jurançon sec (blanc du Sud-Ouest).

NOTRE CONSEIL : précisez au poissonnier que le saumon sera mangé cru car il doit être d'une fraîcheur irréprochable. Vous pouvez aussi utiliser du saumon congelé. Le poisson ainsi préparé peut attendre 2 ou 3 h au réfrigérateur, pas plus.

Terrine de bœuf au lait de coco

PRÉPARATION : 20 MIN – CUISSON : 45 MIN – RÉFRIGÉRATION : 6 H

POUR 6 PERSONNES

750 g de steak haché (15 ou 20 % de MG) • 2 mangues • 50 g de pain de mie sans croûte • 30 cl de lait de coco • 1 œuf • 2 gousses d'ail • 2 cuil. à soupe de noix de cajou • 1 cuil. à soupe de pâte de curry mild (en pot) • 1 citron vert • 1 bouquet de coriandre • 1 pincée de piment de Cayenne • 1 cuil. à soupe d'huile d'olive • 2 cuil. à soupe d'huile de sésame • 10 g de beurre • sel • poivre

Préchauffez le four à 210° (th 7), beurrez un moule à cake (ou utilisez un moule en silicone). Concassez grossièrement les noix. Ciselez la coriandre, pelez et hachez l'ail. Émiettez la mie de pain, et laissez-la gonfler dans une jatte avec le lait de coco 5 min.

Ajoutez alors la viande, l'œuf, l'ail, la coriandre, le curry, piment et le sel. Mélangez pour obtenir une farce homogène. Disposez la farce dans le moule, parsemez de noix de cajou et arrosez d'un filet d'huile d'olive. Enfournez pour 15 min puis baissez le four à 180° (th 6) et poursuivez la cuisson 30 min.

Pendant ce temps, pelez les mangues et coupez-les en bâtonnets, couvrez de film étirable et mettez au frais. Dans un bol, préparez une sauce avec le jus du citron vert, l'huile de sésame, sel et poivre. Réservez au frais. Sortez la terrine du four, laissez-la refroidir et mettez au moins 6 h au réfrigérateur. Au dernier moment, assaisonnez la salade de mangues avec la sauce et servez-la avec la terrine tranchée.

ACCORD VIN : un régnié (cru du beaujolais, rouge).

NOTRE CONSEIL : vous pouvez préparer cette terrine en parts individuelles en utilisant des moules en silicone pour muffins.

Brochettes de lotte au safran

PRÉPARATION : 15 MIN – CUISSON : 4 MIN – MARINADE : 1 H

POUR 4 PERSONNES

600 g de queue de lotte • 1 petit poivron de la couleur de votre choix • 1 dosette de filaments de safran • ½ cuil. à café de graines d'anis vert • 4 cuil. à soupe d'huile d'olive

Demandez à votre poissonnier de peler la lotte puis d'ôter son arête centrale. Lavez, épépinez puis coupez le poivron en petits morceaux. Détaillez la lotte en bouchées.

Sur 8 brochettes en bambou, piquez des morceaux de lotte et de poivrons en les intercalant. Posez les brochettes dans un plat creux. Dans un bol, mélangez les filaments de safran, les graines d'anis vert et l'huile d'olive. Arrosez les brochettes avec le contenu du bol. Laissez mariner 1 h.

Préparez un petit barbecue, posez les brochettes dessus et faites griller 2 min de chaque côté, assez près des braises.

ACCORD VIN : un côtes-de-provence blanc.

NOTRE CONSEIL : quelques branches sèches de fenouil, posées sur les braises, parfumeront encore d'avantage les brochettes. Si vous n'avez pas de barbecue, posez les brochettes sur un lit de fenouil sec dans un plat et cuisez-les au four, sous le gril, en les tournant à mi-cuisson.

Brochettes de magret, sauce prune

PRÉPARATION : 20 MIN – CUISSON : 20 MIN – REPOS : 15 MIN

POUR 4 PERSONNES

2 magrets de canard • 2 cuil. à soupe de gros sel (fumé de préférence) • 1 cuil. à soupe de sucre brun

POUR LA SAUCE : 600 g de prunes rouges • 10 cl de porto • 1 échalote • 1 cuil. à soupe d'huile d'olive • 3 cuil. à soupe de sucre brun • sel • poivre

Allumez le barbecue. Dans un bol, mélangez le gros sel et le sucre. Placez les magrets et le contenu du bol dans un grand sachet plastique refermable. Expulsez l'air du sachet, fermez-le, secouez-le pour bien enrober les magrets. Laissez 10 min à température ambiante.

Pendant ce temps, faites tremper 4 brochettes en bois dans l'eau 10 min pour éviter qu'elles ne brûlent à la cuisson et ne collent aux aliments.

Préparez la sauce : pelez et ciselez l'échalote. Rincez les prunes, coupez-les en deux pour les dénoyauter. Mettez-les dans une casserole avec le porto, l'échalote, le sucre brun et l'huile. Portez à ébullition, baissez le feu, couvrez et laissez frémir 10 à 12 min en remuant de temps en temps.

Écrasez alors les prunes à la cuillère en bois. Filtrez la préparation à travers une passoire et écrasez-la afin de récupérer le plus possible de pulpe de prune. Salez, poivrez et réservez au chaud.

Retirez les magrets du sac, séchez-les avec du papier absorbant et coupez-les en gros cubes.

Glissez-les sur les brochettes et faites-les cuire au barbecue 3 min de chaque côté, si vous aimez la viande rosée (4 min pour une cuisson à point). La cuisson terminée, laissez-les reposer 5 min dans un plat recouvert de papier d'aluminium. Servez aussitôt avec la sauce chaude.

ACCORD VIN : un cornas (rouge de la vallée du Rhône).

Gaspacho-dessert à l'ananas

PRÉPARATION : 15 MIN – CUISSON : 10 MIN

POUR 4 PERSONNES

1 ananas • 2 cuil. à soupe de miel • 4 graines de cardamome • 1 gousse de vanille • le jus de 1 citron • 4 petites fraises • 1 cuil. à soupe de pistaches décortiquées non salées

Épluchez l'ananas et détaillez la chair en morceaux en éliminant le cœur fibreux. Mettez-les dans une casserole avec le miel, le jus de citron et les graines de cardamome écrasées. Remuez et laissez frémir 10 min.

Passé ce temps, mixez la préparation. Fendez la gousse de vanille dans la longueur et grattez les petites graines noires parfumées au-dessus du gaspacho. Répartissez-le dans 4 verres hauts et réservez au frais.

Au moment de servir, concassez grossièrement les pistaches, rincez et épongez les fraises et décorez-en les gaspachos.

ACCORD VIN : un quarts-de-chaume (vin moelleux de Loire).

Trifle fraise-rhubarbe au chocolat blanc

PRÉPARATION : 20 MIN – CUISSON : 15 MIN – RÉFRIGÉRATION : 2 H + 1 H

POUR 4 PERSONNES

300 g de fraises gariguettes • 2 tiges de rhubarbe • 120 g de bon chocolat blanc • 11 biscuits roses de Reims • 25 cl de crème liquide • 3 cuil. à soupe de sucre en poudre

Cassez le chocolat blanc en morceaux dans une jatte. Faites bouillir la crème liquide dans une petite casserole puis versez-la sur le chocolat. Mélangez aussitôt pour faire fondre le chocolat et placez 2 h au frais.

Effilez les tiges de rhubarbe et coupez-les en tronçons. Faites-les cuire avec le sucre et 2 cuillerées à soupe d'eau dans une casserole jusqu'à ce qu'ils soient fondants (environ 15 min).

Lavez, égouttez et équeutez les fraises. Détaillez-les en quartiers. Fouettez la crème au chocolat au batteur électrique jusqu'à ce qu'elle ait la consistance d'une chantilly.

Tapissez le fond d'un plat creux avec 5 biscuits de Reims, couvrez de compote de rhubarbe, de fraises puis d'une couche de crème. Recommencez l'opération une fois en terminant par la crème. Mettez au réfrigérateur au moins 1 h afin que les arômes se mélangent et que les biscuits ramollissent.

Au moment de servir, saupoudrez le dessus du plat avec le dernier biscuit finement émietté ou de sucre cristallisé de couleur (rose, de préférence).

ACCORD VIN : un vieux rhum.

NOTRE CONSEIL : vous pouvez faire des trifles individuels en garnissant des coupes ou des verres transparents.

Index

Index

A

Accras de crabe à la noix de coco 29

B

Bananes rôties aux amandes 162
Barquettes de saint-jacques marinées 21
Bonbons de pruneaux aux noix 92
Bouchées au saumon 8
Brochettes de lotte au safran 178
Brochettes de magret, foie gras et poires 17
Brochettes de magret, sauce prune 179
Brochettes de saumon au sésame 16

C

Cabillaud pané aux noisettes, purée de potimarron 79
Cappuccino glacé aux amandes 105
Carpaccio de saint-jacques aux fruits de la passion 63
Carré d'agneau en croûte d'herbes 88
Chapon au pot, sauce au foie gras 83
Crème brûlée au Carambar 140
Crème brûlée au foie gras et au pavot 51
Crème de butternut, foie gras et noisettes 43
Crottins rôtis au miel de thym et poivre de Sichuan 110
Croustillants gascons 35

D

Dinde farcie, jus aux champignons sauvages 72
Dinde farcie aux marrons 70
Doucette de chou-fleur au saumon fumé 40

E

Escalopes de foie gras au miel 156

F

Feuilleté aux asperges 60
Figues rôties au beurre salé, coulis de framboise 164
Filet de biche en croûte et girolles 76
Foie gras des Landes confit 55

G

Gaspacho andalou 168
Gaspacho au homard 58
Gaspacho de betteraves au saumon 12
Gaspacho-dessert à l'ananas 180
Gigot à la cuillère 68
Gigot en croûte baumanière 87
Gratin aux amandes et aux deux figues 141

Gratin chic de coquillettes
au jambon 120

H

Hamburgers au homard 126
Hamburgers de magret aux figues 125
Huîtres farcies aux amandes 52

L

Lasagnes aux cèpes, sauce foie gras 118
Lasagnes de chevreuil
aux marrons confits 82
Lassi au foie gras 113

M

Magrets de canard au cassis 84
Magrets sauce spéculoos 160
Millefeuilles aux châtaignes 102
Mini millefeuilles 94
Mini-pizzas aux saint-jacques 20
Muffins au foie gras et aux châtaignes 36

N

Nems de confit de canard
au chutney de figues 34
Noix de Saint-Jacques,
coppa et polenta 48

O

Omelette roulée au saumon fumé 11

P

Pannequets de saumon fumé
au raifort 46
Pâté lorrain au foie gras 44
Petits flans à la truffe et au foie gras 64
Petits flans au jambon fumé
et aux figues 152
Petits gratins de crabe 116
Petits sandwichs à l'anglaise 15
Petits soufflés aux amandes 101
Piccatas de veau au foie gras 131
Pirojkis au saumon 30
Pizza au chutney de figues
et au foie gras 115
Poêlée de saint-jacques
au sauternes 159
Poires cuites au pain d'épice 136
Poires rôties aux pistaches 93
Poularde au citron confit
en cocotte lutée 80
Purée de petits pois à la menthe
et velouté d'asperges 26

R

Ravioles d'avocat au saumon fumé
et raifort 47
Risotto crémeux aux truffes 134
Röstis au saumon fumé 155
Rôti de magrets à la mangue 122

Index (suite)

Rouleaux d'aubergines au basilic 25
Rouleaux de saumon fumé 148

S

Sabayon aux marrons glacés 98
Saint-jacques aux truffes 65
Salade aux figues, magret et cantal 151
Salade d'oranges aux dattes 97
Salade de roquette au chèvre et à la gremolata 174
Sauté de bœuf minute aux truffes et coquillettes 66
Selle d'agneau en croûte de pommes de terre 74
Soufflé au Grand Marnier 104
Soufflé glacé au chocolat 143
Soufflé glacé choco-châtaigne 107
Soufflés au foie gras 23
Soupe glacée de courgettes au fromage frais 172
Sushis de pomme de terre au saumon 19

T

Taboulé de chou-fleur au concombre 171
Tagliatelles au foie gras 130
Tartare de bœuf en cannelloni 33
Tartare de saumon au gingembre et au sésame 175
Tartare de saumon fumé aux huîtres 59
Tartelettes british au citron 139
Terrine de bœuf au lait de coco 177
Terrine de foie gras aux épices 112
Tiramisu aux fruits rouges 144
Tournedos Rossini 78
Tourte au poulet, fèves et citron confit 132
Tourte de dinde forestière au foie gras 128
Trifle à la rose et aux litchis 91
Trifle fraise-rhubarbe au chocolat blanc 183

V

Vacherins minute poires caramel 163
Vol-au-vent financière 56

Crédits & remerciements

CRÉDITS PHOTOGRAPHIQUES

Christian Adam : p. 137 ; Jérôme Bilic : p. 135 ; Nathalie Carnet : p. 106 ; Pierre Desgrieux : p. 31 ; Christine Fleurent : p. 32, 85, 157 ; Valéry Guedes : p. 4, 10, 75, 153, 161 ; Jean-Blaise Hall : p. 27 ; Valérie Lhomme : p. 145, 176, 189 ; Catherine Madani : p. 14, 61, 123, 169 ; Jean-François Mallet : p. 45, 49, 67, 73, 129 ; Alain Muriot : p. 149 ; Loïc Nicoloso : p. 18, 22, 28, 42, 86, 117, 121, 124, 133, 150 ; Jean-François Rivière : p. 62, 90, 99, 182 ; Laurent Rouvrais : p. 41, 54, 56, 89, 111, 142, 154, 158, 165, 170 ; Sophie Tramier : p. 103 ; Philippe Vaures Santa Maria : p. 95, 173 ; Pierre-Louis Viel : p. 9, 13, 24, 37, 50, 53, 69, 71, 77, 81, 96, 100, 114, 119, 138, 181, 190 ; Bernard Winckelmann : p. 127

©fotolia/Barbara-Maria Damrau : p. 6, 38, 108, 146, 166

RECETTES

Martine Albertin ; Sylvie Bandeville-Oulerich ; Isabel Bracq ; Adeline Brousse ; Michèle Carles ; Solveig Darrigo-Dartinet ; Eric Fréchon ; Alice Genillier ; Irène Karsenty ; Marie Leteuré ; Catherine Madani ; Catherine Méry ; Corinne Morin ; Pascale Mosnier ; Alba Pezone ; Emmanuel Renault ; Eric Solal ; Laurence du Tilly ; Laura Zavan.

Direction d'édition : Thierry Lamarre
Responsable d'édition : Clémentine Dubernet
Conception graphique, mise en pages et couverture : Either Studio
Éditions Marie Claire
Publiées par Société d'Information et de Créations - SIC
Une société de Marie Claire Album
10, bd des Frères-Voisin 92792 Issy-les-Moulineaux CEDEX 9 - France
Tél. : 01 41 46 88 88
RCS Nanterre 302 114 509
SARL au capital de 3 822 000 euros

Certifié PEFC
Ce produit est issu de forêts gérées durablement et de sources contrôlées.
PEFC
PEFC/01-31-246
www.pefc.org

ISBN : 979-10-323-0128-9
N° Éditeur : 38369
Imprimé par G. Canale & C., Bucarest (Roumanie)
Dépôt légal : août 2017
www.editionsmarieclaire.com